MANUAL PARA EL CUIDADO DEL CABALLO

EDIMAT Libros

MANUAL PARA EL CUIDADO DEL CABALLO

PENNY SWIFT

Publicado por primera vez en España por Edimat Libros S. A. en 2004
Publicado en el Reino Unido por New Holland Publishers (UK) Ltd.

C/ Primavera, 35
Polígono Industrial El Malvar
28500 Arganda del Rey
MADRID-ESPAÑA

ISBN: 84-9764-677-0

Edición: Mariëlle Renssen
Directores de edición: Claudia Dos Santos, Simon Pooley
Director de estudio: Richard MacArthur
Responsable del departamento: Alfred LeMaitre
Dirección: Roxanne Reid
Diseño: Lyndall du Toit
Ilustraciones: Steven Felmore
Búsqueda de fotografías: Karla Kik
Producción: Myrna Collins
Consultoría: Bernadette Faurie
Traducción: Traducciones Maremagnum
Corección técnica: Carolina Estébez Paz

d e d i c a t o r i a

Para Kate y los ponies

y caballos especiales

en su vida – Caramel,

Nordic Ice, Matilda,

Huleberry Finn, Kochra

Bannut, Napoleon,

The Leprechaun,

Stag Dinner, Beldale

Warrior *y* Hot Moon.

a v i s o

Aunque el autor y los editores han realizado
un esfuerzo por asegurar que toda la
información aquí expuesta sea correcta, no se
hacen responsables de posibles pérdidas,
daños o molestias causadas por cualquier
persona que haya manipulado este libro.

c r é d i t o s   f o t o g r á f i c o s
Corday, Sylvia: (Anthony Reynolds) 101 arriba. Houghton, Kit: 16 arriba; 61 izquierda; 109 arriba.
Langrish, Bob: cubierta delantera (principal); 19 abajo; 32 arriba; 44-5: 62; 64-5; 73; 80; 81;
85 abajo; 86; 87 arriba; 90 izquierda; 94; 97; 115; 116 arriba; 118 abajo. Walsh,
Kelly (www.imagesofafrica.com): 8-9; 82-3; 85 arriba; 98-9.

Agradecimientos

Producir un libro de esta naturaleza requiere un esfuerzo de equipo, y quisiera agradecer a todo aquel que con su ayuda ha hecho posible este libro. Aunque no pueda nombrar a todos y a cada uno de ellos, debo destacar a mi editora Roxanne Reid, a Lyndall du Toit, cuyo espléndido diseño eleva al libro a una clase de su nivel. También quiero destacar a la fotógrafa Janet Szymanowski, quién ha conseguido capturar la esencia de los caballos dentro de las limitaciones de unas órdenes muy específicas.

Muchos propietarios y amaestradores de caballos ayudaron a que diéramos en el clavo: bien proporcionándonos caballos, bien permitiéndonos el acceso a los establos y posando para las fotografías. Como los caballos, al igual que los niños, son impredecibles, apreciamos enormemente la paciencia que han demostrado. También damos las gracias a Tina Farr por estar al mando de *Wise Guy*, el precioso Sangrecaliente de Tanja Kyle, sin cabezada, y sacarle unas fotos maravillosas. Tina, entre otros, nos ayudó proporcionándonos fotos de diferentes razas de caballos, así como también lo hicieron Hans de Leeuw, Pieter Hugo, Herma Jansen, Louise Pitt, Riaan Steenkamp y Lynn Greaves, cuyo magnífico gigante Clydesdale, *Pleans Keals,* nos demuestra la versatilidad de estos caballos tan trabajadores.

Un gran número de personas nos abrieron las puertas de sus comercios y sus hogares. Queremos agradecérselo a Lynn Rowand, de Nova Zonnestraal; Laura Smith, de Establos Lane; Kim Wallace, del Centro de Equitación Hout Bay; Sharon van der Dussen, de Howberry Farm; Judy Louw, de Glenellen Farm; Rose Bartlett, del Centro de Equitación Riverside; Lynette Mouton, de Deltacrest; Derek Southey, de Farm Frace; Cheryl Barry y Chantal Gouveia, del Centro de Equitación Simonsdal; Michelle Cooke, de Waterloo Bridge, así como a Lesley y Bernard Ashton, Nicolette Dunbar, Donné Evans, Anne y Barry Kleu, Nikki Mamacos, Mike y Travis Rideout, Roy Rixon, Barbara Stewart y Lisa van der Linde. Algunos de los jinetes y propietarios de caballos que amablemente posaron para las fotografías son Evelne Doak, Donné y su hija Ashlea Evans (y su amado caballo *Harley Davidson*), el herrador Philip Kotze y su esposa Penny, Laurie Nicholson, Sophie Poland, Madelaine Roussouw, Georina Rowand, Denton Sander, James Duncan, Sarah Wallace, Emily y Clare van der Linde, Kaylee Steward y Alicia Oakes, Victoria y Lee Dunbar, Josi Nel, Nadrew van der Dussen, Kira Akermann, Bianca Wrankmore y Bianca Gallant.

Gracias a Andy McPherson de la sillería Lars y a Belinda Thom por proporcionarnos todo el equipo para las fotografías. Gracias también a David Wilken por hacer de su lujoso remolque para caballos un improvisado estudio de fotografía, y a Michele Scholefiel por sus ideas y su apoyo.

Sinceramente, quiero agradecer a toda la gente que ha compartido de tan buena gana todos sus conocimientos sobre los caballos a lo largo de los años. Especialmente, se lo agradezco al Dr. Vere Allin, que cambió de trabajo para ayudarnos en la disposición de fotografías de naturaleza veterinaria y que también revisó el texto para comprobar que todos los datos eran correctos. Doy las gracias también a Duncan Webster de Equi-Feeds por revisar el capítulo sobre la alimentación. «El hombre que susurra a los caballos», Malan du Toit, es una fuente de información y conocimiento, y le agradecemos que nos dejara fotografiarle en acción.

Finalmente, quiero agradecer a nuestra hija Kate Szymanowski, no sólo su ayuda con la fotografía (a veces, sin que ni siquiera la viéramos), sino por asegurarnos que los caballos seguirán siendo una parte muy importante de nuestras vidas.

contenidos

CAPÍTULO UNO

Su nuevo caballo

La equitación es un deporte en auge. Cada vez más, gente de todas partes del mundo compra su propio caballo o pony para exhibirlo en un concurso de saltos, para su doma o para pasear por el campo, así como para las rutas a larga distancia o para diferentes actividades a sus lomos.

Jinetes de todas las edades con vidas muy distintas y de zonas y circunstancias diversas, tanto rurales como urbanas. Donde quiera que viva y sea cual sea la razón por la que adquiere un caballo, descubrirá una inmensa emoción al poseer uno por primera vez. Sin embargo, antes de dar el paso decisivo, es preciso considerar muchos factores.

Un campo bien vallado y con el pasto adecuado es ideal para que los caballos pasen el día. También será preciso que disponga de unas instalaciones con establos adecuados, y deberá asegurarse de tener acceso a zonas donde pueda montar con seguridad.

La decisión de comprar un caballo no debería ser tomada a la ligera. Además de unas consideraciones económicas importantes, debe ser consciente del tiempo que usted o su hijo necesitará emplear en los cuidados y ejercicio del animal. Incluso si dispone de la posibilidad de pagar a otras personas para que hagan la mayor parte del trabajo por usted, los caballos son una gran responsabilidad y pueden consumir muchísimo tiempo. Dado que, generalmente, tenemos caballos amaestrados en un entorno no natural, fuera de la manada, donde no pueden arreglárselas por sí solos, dependen totalmente del hombre. Además, normalmente los caballos viven más tiempo que los perros, los gatos y otros animales domésticos, y pueden ser una carga en su vejez.

Si está pensando en adquirir un pony o un caballo para un niño o un adolescente, es posible que sepa menos de estos animales que su propio hijo. Si se dispone a dejar al animal en casa, necesitará adquirir algunos conocimientos especializados de antemano, y descubrir qué especialistas deberá llamar cuando sea necesario. Como alternativa, debería encontrar una finca adecuada o unas pistas con establos de alquiler donde poder dejar al caballo y montarlo.

El tipo de caballo o de pony que se disponga a comprar deberá depender de la persona que se disponga a montarlo y de con qué propósito vaya a hacerlo. Esto hace que se reduzca el número de razas que más se adapten a usted, como también lo hará la medida y el temperamento del caballo o el pony que esté buscando. Su experiencia y su habilidad para montar, junto con el precio que esté dispuesto a pagar, serán también factores determinantes.

Recuerde que si está dispuesto a hacer un esfuerzo, los caballos y los ponies pueden ser unos animales muy agradecidos que le llenarán de alegría y placer, incluso aunque no los monte usted mismo.

RAZAS Y TIPOS DE CABALLOS

Aunque en realidad nunca hay garantías cada una de las diferentes razas posee habilidades distintas, y es importante considerar las características de las razas más populares del mundo antes de comprar. Existen sociedades oficiales de criadores en todos los países, y es habitual que los caballos y los ponies de pura raza se registren en dichas sociedades, así como en los registros genealógicos de caballos competentes. Generalmente, los caballos y los ponies registrados son más caros que los que no lo están. Y si, además, están bien criados, su precio de venta será más elevado. Sin embargo, cuando nos referimos a deportes ecuestres de competición, el precio de los animales que destacan por encima de otros aumenta de forma inmediata, estén registrados o no. Asimismo, un animal de cría excelente puede venderse a un precio increíblemente bajo por el mero hecho de no haber logrado hacer aquello para lo que fue criado.

Si se dispone a comprar el primer pony de un niño recuerde que muchos niños que montan ponies cruzados y sin registrar obtienen resultados positivos. Además, posiblemente usted prefiera una raza que haya evolucionado en su país, ya que cada una de las diferentes razas autóctonas desarrollaron, generación tras generación, muchos de sus rasgos distintivos en respuesta al clima y a las condiciones específicas de la zona. Muchos países reclaman la propiedad de determinadas razas de ponies y caballos: el *Nooitgedacht* sudafricano es un ejemplo de raza local; mientras que en las Islas Británicas hay nada menos que nueve razas distintas de ponies, incluyendo el pequeño *Shettland*, el *Connemara* de pie firme (el único pony autóctono de Irlanda), y el pony que sin duda más ha impactado en todo el mundo, el *Pony Galés* (Welsh pony).

LAS PRINCIPALES RAZAS Y TIPOS DE CABALLOS

Los Purasangre

A pesar de ser criados para la competición, los Purasangre pueden pasar a menudo de correr en un hipódromo a exhibirse en una pista durante un concurso de saltos, y asimismo haber conseguido el reconocimiento a nivel internacional en pruebas de completo. Su condición de ágiles y despiertos es lo que les convierte en una raza popular para la caza con podencos y para su alquiler como caballos de paseo. Aunque su cría puede remontarse más de tres siglos con la importación de tres sementales árabes a Inglaterra a finales del s. XVIII, el nombre Purasangre apareció por primera vez en el Registro Genealógico Británico de Caballos, en 1821. Cuando un caballo es descrito como media sangre sólo uno de sus progenitores es un completo Purasangre.

Los caballos árabes

Aceptados mundialmente como los caballos de pura raza más antiguos. Los caballos árabes son criados para correr en carreras y para la equitación de resistencia en los países árabes y muchas otras partes del mundo. Originarios del desierto, son conocidos por su destacable resistencia y su espectacular temperamento. Son amables y afectivos, por no mencionar su destacado temperamento. Los Anglo-árabes combinan lo mejor de las razas árabe y Purasangre y les podemos encontrar en salto de obstáculos y en pruebas de concurso completo.

Los Sangre caliente

Existen muchas variedades diferentes de Sangre caliente, al desarrollarse durante años como resultado de introducir sangre de Purasangre a diferentes razas indígenas. Son criados específicamente para competir en deportes de equitación modernos, especialmente en doma y en saltos. La cría de Sangre caliente es una industria muy amplia, particularmente en Europa.

La cría de Sangre caliente está muy controlada y sólo podrán usarse sementales aprobados. Sin embargo, el éxito de la inseminación artificial ha provocado una serie de cambios considerables por todo el mundo, al dar acceso a cada criador a los mejores sementales. Se suele clasificar a los Sangre caliente de acuerdo con su país de origen: Sangre caliente alemán, Sangre caliente belga, caballo deportivo irlandés, etc. En Alemania, se han establecido diferentes variedades en lugares distintos o en algunas caballerizas en particular, por lo que hay una gran variedad de caballos de deporte alemanes. Éstos incluyen una de las variedades de Sangre caliente más antigua de Alemania, el Holsteiner, que toma su nombre del distrito de Holstein, y el Hanoveriano, engendrado originariamente por sementales de Holsteiner y yeguas de diferentes lugares, incluyendo Purasangres ingleses. El Hanoveriano recibió su nombre después de que George, elector de Hanover, se convirtiera en George I de Inglaterra en 1714. El caballo Silla francés fue originariamente criador de sementales Purasangre importados y yeguas autóctonas, y más tarde también de Árabes y Anglo-árabes. Éste difiere de la mayoría de los Sangre caliente en el uso del trote rápido. Su éxito en los concursos de saltos es reconocido mundialmente.

Los primeros Sangre caliente eran generalmente más robustos que los Purasangre, pero menos que los caballos de tiro.

Los Appaloosa

Se trata de una raza americana de caballo moteado que ha capturado la imaginación de los amantes de los caballos durante siglos, y que todavía hoy es usado como caballo de ganadería. Es rápido y tiene mucho vigor, lo que le convierte en un caballo increíblemente resistente. Su estructura *(ver pág. 17)* hace que esta raza de caballo se adapte perfectamente a los acontecimientos más elegantes, como es la doma o su equivalente en el Oeste americano, el *reining*. Los ponies Appaloosa son los más populares entre los niños.

Los caballos Silla

También conocidos como los Silla americanos en muchas partes del mundo, los caballos Silla son muy populares como caballos para espectáculos, siempre con su silla de montar y con sus riendas. Así bien, reciben el apodo de «los pavos reales de la pista». A diferencia de los típicos caballos británicos de espectáculos, los Silla tienen un paso rápido, que se enfatiza dejando que el pie avance una distancia larga y calzándolo con un herraje para caballos especialmente pesado. Los caballos Silla son ideales tanto para el recreo como para los largos recorridos, y a veces también se les puede ver en la pista de saltos.

Los caballos Quarter americanos

Se trata de la raza más antigua de caballos americanos, y que tiene su origen en la América colonial de principios del s. XVII cuando su uso se limitaba a empujar carros y a guiar manadas. De músculo fuerte y compacto, pronto demostró su habilidad en las carreras de velocidad, al correr mucho más rápido que las demás razas en las distancias cortas. Esta misma velocidad y agilidad hace del caballo americano Quarter el ideal para montar siguiendo el estilo vaquero, desde el rodeo hasta el *reining*. Es también un estupendo animal de rastreo. Al cruzar, por ejemplo, un caballo Quarter con un Purasangre obtendremos unos caballos de recreo muy populares en algunas zonas del mundo.

El Waler

Destinados al trabajo con rebaños en Australia, los Waler provienen de los primeros caballos que se importaron a este país (inicialmente caballos Cape de Sudáfrica y, más tarde, Purasangres, Árabes y Anglo-árabes). Aunque no son especialmente rápidos, son animales ágiles y tienen mucho vigor, lo que les convierte en unos caballos ideales para el trabajo. El sucesor del Waler, el moderno caballo australiano para rebaños, tiene sangre Quarter.

El Nooitgedacht

Otro de los caballos que puede hacer de todo, el Nooitgedacht es una raza que proviene del pony Basuto de Lesotho y es el producto de un selecto programa de cría llevado a cabo en Sudáfrica en los años 50. La inteligencia de este caballo, así como su gran temperamento, su calidad física y su versatilidad, ha hecho de él un caballo demandado en otras partes del mundo, y en particular en Australia. Todos los Nooitgedachts reciben una marca en el cuello con su número de registro.

Los ponies galeses

Los ponies galeses (Welsh pony), y las jacas galesas de mayor tamaño *(ver foto)* son criados en Occidente y pueden ser de diferentes medidas y estilos, como se definen en el original del *British Welsh Cob* y en el *Pony Society Studbook*. Esta raza es sana y robusta, y muchos de ellos han conseguido tener éxito en distintos espectáculos, como salto, doma y pruebas de completo en muchos lugares del mundo. Los ponies galeses más pequeños son ideales como primeros ponies, mientras que los de mayor tamaño son, a menudo, mejores para montarlos con silla y con riendas.

MORFOLOGÍA

Existen caballos y ponies de todos los tamaños, colores y formas. Algunos resultan hermosos mientras que otros resultan horrendos. Del mismo modo que varían los rasgos físicos de las personas, lo hacen los de los caballos. Pero a no ser que entienda sobre lo que está observando, o buscando, no resulta correcto confiar en el juicio de uno mismo. Algunas personas tienen, o han desarrollado, un «buen ojo para los caballos». Por medio de comparar diferentes caballos y de estudiar a conciencia sus movimientos durante un período de tiempo, usted también, tarde o temprano, será capaz de desarrollar una valoración precisa de su potencial.

La morfología (estructura del caballo) significa mucho más que una raza y afecta tanto a su apariencia como a su forma de actuar. Un conocimiento más extenso de la morfología no es necesario lo único que se debe asegurar es que el caballo esté bien proporcionado y de que pueda hacer, o tenga el potencial para hacer, aquello para lo que lo requerimos. Si existen rasgos no deseados o defectos físicos visibles, asegúrese de que ello no va a afectar las capacidades del caballo o su salud a largo plazo.

LAS PARTES DE UN CABALLO

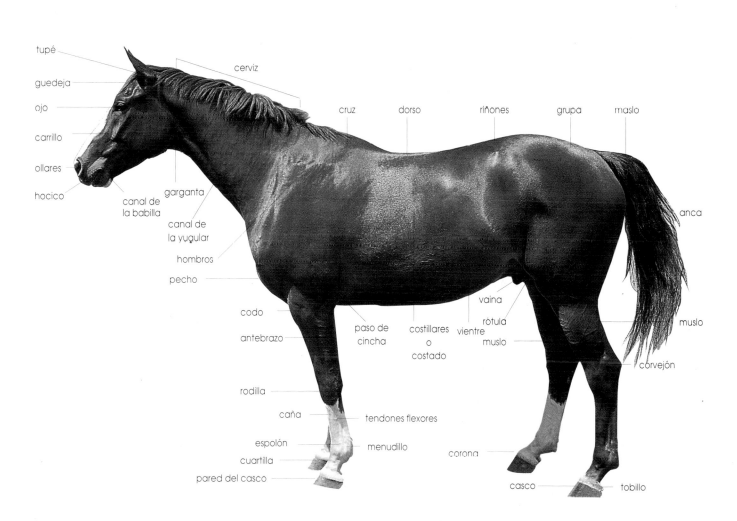

tupé · cerviz · guedeja · ojo · carrillo · ollares · hocico · canal de la babilla · garganta · canal de la yugular · hombros · pecho · codo · antebrazo · rodilla · caña · espolón · cuartilla · pared del casco · paso de cincha · tendones flexores · menudillo · costillares o costado · vientre · rótula · muslo · vaina · corona · casco · cruz · dorso · riñones · grupa · maslo · anca · muslo · corvejón · tobillo

Arriba. Estos caballos de tiro, que nos recuerdan el modo de transporte usado en épocas pasadas, son una atracción popular entre los turistas.

Abajo. Aunque los caballos de Clydesdale se usan en la mayoría de los casos como caballos de tiro, esta joven yegua, con su típico pelaje sedoso en las patas, se usa para montar en general.

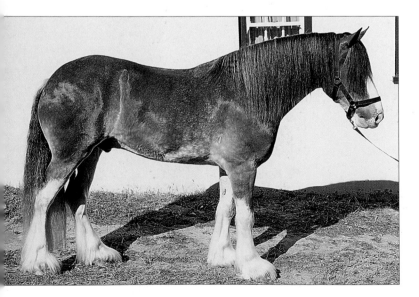

Diferentes razas poseen distintos atributos que las hacen adaptarse mejor a ciertas funciones y determinados tipos de deportes ecuestres. Por ejemplo, el Sangre caliente danés suele medir 1,63 m, tiene un cuello entre medio y largo, unos hombros fuertes y unas ancas musculosas que le permiten hacer buenas actuaciones en competiciones de doma. Sus corvejones están también bien formados y se apoyan firmemente contra el suelo para ganar propulsión al saltar. Los pesados caballos de tiro, usados en un pasado cercano en la industria y todavía hoy en la agricultura, son muy diferentes de aquellos que destacan en los deportes ecuestres olímpicos, como la doma, el salto o las pruebas combinadas, y no se puede comparar. El caballo de Shire, de una fuerza increíble, es una de las razas más extensas del mundo. Posee un cuello largo y unos hombros hundidos, especiales para el uso de un collar.

El caballo más grande del mundo es el Percherón, cuyo origen se sitúa en Francia, aunque el mayor provenía de los Estados Unidos y medía 2,13 m. Su cruz es más prominente que la del resto de caballos de tiro y sus piernas son cortas pero fuertes. Entre los caballos pesados, es uno de los más elegantes que existe, y es también ideal para el trabajo.

Si lo que busca es un caballo de salto, ni siquiera tenga en consideración un caballo de tiro. Lo que usted necesita, en su lugar, es un caballo con un buen equilibrio y unos buenos hombros. Debe tener flexibilidad en la cabeza, el cuello y la espalda, y debe ser lo suficientemente atlético como para poder hacer frente a la altura y la distancia entre las vallas, así como ágil para sortear las curvas cerradas del terreno en una prueba de saltos. Es esencial también un poco de audacia, junto con un buen temperamento y un buen sentido.

Un caballo atlético, a la par de ser audaz y atlético, debe ser obediente. También precisa unos cuartos traseros fuertes y un cuello bien dispuesto, lo que le permitirá un buen contacto con el animal.

Muchas razas, incluyendo los Sangre caliente, han sido entrenadas para atender a una gran variedad de actividades diferentes. Los Purasangre, criados en su origen para correr, son usados actualmente en todas las actividades ecuestres. Su constitución es más atlética que la de muchas otras razas. De modo que aquellas razas con cuerpos más pequeños tienden a ser más propicias para el salto.

Arriba. Los Sangre caliente, criados para los deportes ecuestres, son una elección común entre los participantes de concursos de saltos.

Abajo. El caballo de doma ideal debe seguir un buen entrenamiento en contacto con la naturaleza.

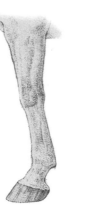

Una pierna delan-
tera bien formada.

Transcorvo.

Corvo.

Cuartilla corta
y recta.

Cuartilla larga
e inclinada.

PATAS DELANTERAS Y CUARTILLAS

Aparte de los rasgos específicos que se pueden aplicar a las distintas razas, también existen ciertos rasgos físicos que se pueden aplicar a todos los caballos en general. Por ejemplo, los ojos peque-ños se consideran un símbolo que indica nerviosis-mo o mal temperamento, aunque nunca se haya probado. Un caballo con ojos grandes y prominen-tes suele ser fiel y amistoso.

Un equilibrio y una proporción general son siem-pre una buena señal. Permanezca a una distancia corta del caballo y pídale a su propietario que lo mantenga firme. Debería tener los pies separados, los hombros inclinados, las extremidades rectas, y la cabeza y el cuello bien proporcionados. A menos que se trate de un caballo o un pony muy joven, el punto más alto de su cruz (cerviz que se encuentra

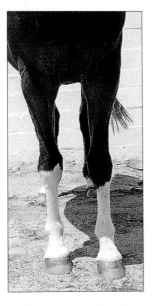

Pecho redondeado
y rodillas amplias
y chatas.

Parte trasera bien formada.

Lumbres hacia fuera

Lumbres hacia dentro

PIERNAS TRASERAS

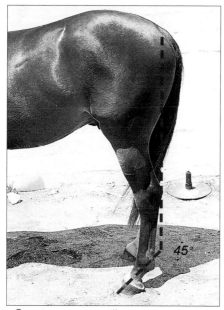

Cuartos traseros ligeramente redondeados.

Grupa muy firme y cola muy levantada.

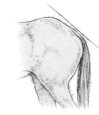

Cuartos traseros muy inclinados.

Pierna trasera muy encorvada.

Pierna trasera muy recta.

VISTA LATERAL DE LOS CUARTOS TRASEROS

entre los hombros) debería ser incluso más alto que su grupa (cuartos traseros o ancas). Sus corvejones (articulaciones entre la rótula y el espolón) deberían estar bien por debajo, de modo que la línea que va desde las nalgas hasta el corvejón continuara bajando pasando por la caña (entre el corvejón y el espolón). Un caballo de cruz amplia y plana y de hombros fuertes tenderá a tener poco equilibrio, y le podrá resultar difícil colocarle una silla correctamente.

Busque un pecho muy amplio, y evite los caballos con el pecho estrecho, ya que indica poco vigor y problemas respiratorios. Las rodillas amplias y planas son también preferibles a las pequeñas y redondeadas. La caña, que se encuentra en la parte inferior de la pierna, debería ser corta y plana y libre de protuberancias y bultos. Recuerde que una caña larga puede desembocar en problemas de tendones. El espolón (articulación en la parte trasera de la cuartilla) debe ser también plano, ni redondo ni hinchado. El hueso de la cuartilla (parte frontal del pie entre el espolón y el casco) debería inclinarse aproximadamente 45 grados. Si es corto y recto, y además los pies son pobres, puede desembocar en pro-

blemas de cojera. Los pies deben ser proporcionales a la medida del animal y deberían inclinarse ligeramente. En general, evite los pies rectos y cuadrados y las lumbres hacia dentro.

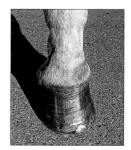

Pie recto.

Los cuartos traseros deben ser fuertes y estar dotados de una buena musculatura. Si miramos al animal por detrás, debe parecer firme y nivelado. Recuerde que los cuartos traseros suministran el impulso para el galope y la propulsión para el salto. También ayudan al animal a detenerse.

No confunda la falta de condición muscular con un fallo en su estructura, y recuerde que muchos caballos jóvenes crecen paso a paso: la zona frontal crece, después crece la trasera, y después vuelve a crecer la frontal. Esto significa que mientras el animal se está desarrollando su aspecto es desgarbado y desigual, y no podrá estimar su estructura de forma tan precisa como cuando se desarrolle totalmente.

Finalmente, es aconsejable considerar su temperamento. Un animal excesivamente vivo, nervioso o tímido no suele ser una buena decisión, independientemente de la labor que tenga para él.

CAPAS Y MARCAS

Un sistema universal de clasificación de capas y marcas permite que los caballos sean descritos exactamente del mismo modo en todo el mundo. Esto es esencial para una estandarización relativa de los documentos de identificación: papeles acreditativos de raza, pasaportes, etc.

La clasificación de capas no se refiere sólo al pelaje del caballo, ya sea de su hocico, su crin, su cola, los extremos de sus piernas o el pelo de sus orejas, sino que también se refiere al color de sus ojos y sus cascos. La mayoría de las marcas se encuentran en su rostro y en sus patas, aunque algunas razas, como el Appaloosa y los caballos pintados, tienen manchas en su piel.

El color del pelo determinará el color oficial del caballo. Las definiciones clásicas son: negro, castaño, bayo, tordo y alazán. Para que un caballo se considere negro, su cuerpo (excluyendo cualquier marca) y cada uno de los puntos que lo constituyen deben ser negros. Un caballo castaño puede tener algunas partes marrón muy oscuro o casi negras. Un caballo bayo tiene la crin y la cola negras, y es de un marrón más claro y más rojizo que el caballo castaño, aunque puede ir desde un color bronceado hasta un caoba. Un caballo alazán es de un color más claro que uno bayo, y normalmente más dorado. Su crin y su cola pueden ser más oscuras que el color del cuerpo, pero nunca negro. Un alazán tostado es un color castaño más claro.

Nunca se describe a los caballos como blancos, aunque algunos tordos, como se les llama, acaban siendo muy blancos, especialmente cuando envejecen. La gama de los grises va desde el tordo apizarrado oscuro, donde predomina el pelo negro, hasta el blanco. Un caballo todo rodado es de pelaje gris con manchas más oscuras. En un tordo picazo el pelaje blanco se entremezcla con tonos más oscuros.

Capas de pelaje dorado más exóticas serían el ruano, el pardo y el palomino. Los caballos con pelaje blanco a lo largo del lomo son definidos como ruanos. Este color se clasifica como ruano claro si el blanco se mezcla con el alazán, ruano overo si se mezcla con bayo, y ruano vinoso o ruano grisáceo si el pelaje blanco se mezcla con marrón o negro.

Existen caballos de muchos colores. Los que aquí vemos son (de izquierda a derecha): negro, ruano, alazán, marrón, tordo y bayo.

La gama del pelaje de un caballo pardo abarca desde un color amarillento claro hasta varios tipos de marrón. Sus puntos son negros y a menudo tiene una banda tipo anguila a lo largo de la espalda de un color oscuro, a veces negro. También puede tener marcas tipo «cebra» en las patas.

Los caballos palominos son de un color crema dorado, pero con la crin y la cola de un color más pálido. Interesantemente, aunque la Asociación del Caballo Palomino Americano define a los palominos como la raza ideal, el palomino es un color y no una raza.

1. **Bayo:** la crin, la cola y la parte inferior de las patas son de color negro; el cuerpo puede combinar diferentes tonos de un marrón rojizo.
2. **Negro:** completamente negro, a excepción de las marcas blancas.
3. **Castaño:** combina pelos negros y marrones; la crin y la cola son de un marrón oscuro, casi negro.
4. **Pardo:** desde un tono amarillento hasta un marrón grisáceo, con los puntos en color negro.
5. **Ruano:** cualquier color básico combinado con blanco.
6. **Pelaje jaspeado:** manchas y marcas de distintos colores.
7. **Tordo:** abarca desde un gris hierro oscuro hasta el blanco; también puede ser moteado.
8. **Alazán:** desde un marrón claro hasta un dorado; la crin y la cola nunca son negras.

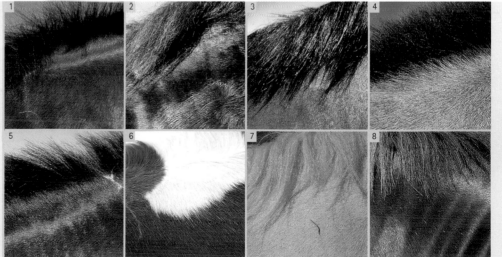

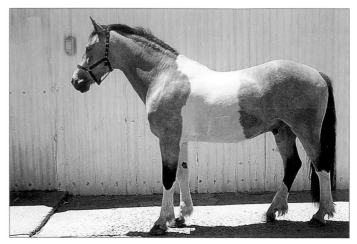

Palomino: color dorado crema con una crin y una cola muy rubias.

Pintado: manchas de color pardo, blanco y marrón.

Además, podemos considerar las manchas, los lunares y cualquier tipo de marca como un tipo de descripción relacionada con el color del caballo. En el Reino Unido, un «caballo pío» tiene unas grandes manchas negras y blancas, mientras que el «caballo pintado» tiene manchas blancas combinadas con manchas de otros colores, menos negras. En los Estados Unidos, este tipo de caballos pueden ser registrados como Pintos o como caballos Pintados, dependiendo del criterio específico de la zona.

Se dice que el color de un caballo indica su temperamento: los de color castaño brillante son fieros, mientras que los de color pardo oscuros son considerados como sensibles. No obstante, esto es sólo una leyenda.

Las marcas en la piel son un detalle esencial a la hora de describir un caballo. Las más habituales se encuentran en la cabeza y en las piernas, y están formadas por pelo blanco. Otras incluyen pequeños remolinos de pelo, así como pecas y lunares que sólo pueden apreciarse cuando se examina al animal con detalle.

Las marcas en la cabeza incluyen:

- *Careto:* Marca amplia y sólida que se extiende desde la frente hasta la nariz.
- *Cordón:* Línea vertical que se extiende desde los ojos hasta la parte superior de la nariz, parecida al careto, pero no tan amplia y a veces con una estrella.

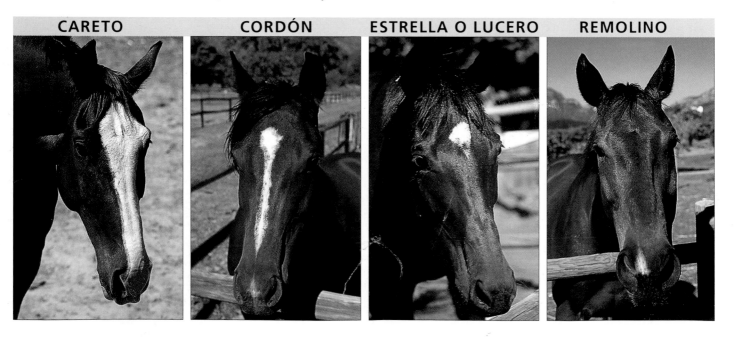

| CARETO | CORDÓN | ESTRELLA O LUCERO | REMOLINO |

- *Lucero:* Lancha blanca en la frente que puede tener la forma de una estrella o de un diamante.
- *Remolino:* Mancha blanca cercana a la boca o el hocico, y que a veces puede introducirse en él.

Las marcas de las patas pueden aparecer en sólo una o en ambas patas, y pueden ser diferentes en cada una de ellas. Los diferentes tipos de marcas son «calzado bajo» (pelo blanco por debajo de la rodilla o el corvejón), y «calzado alto» (pelo blanco que cubre la pata, el corvejón, o incluso por encima de la rodilla). Las marcas armiño son manchas negras sobre pelo blanco, y normalmente se encuentran en la parte inferior de las patas. Un caballo con calzado bajo o alto de color blanco suele tener los cascos de un color claro.

Existen diferentes razas de caballos moteadas, la más conocida de ellas es el Appaloosa, que suele lucir manchas por su cuerpo, sus patas e incluso su rostro. Con motivo de su descripción e identificación, podemos distinguir cinco tipos distintos de pelaje: leopardo (manchas ovaladas de color blanco), copos de nieve (manchas blancas que se concentran en las caderas), manta (caderas blancas o manchas blancas en ellas), jaspeado (pelaje moteado) y escarcha (manchas blancas sobre un fondo oscuro).

Los ojos del caballo son, normalmente, de color marrón. El *wall eye*, también conocido como «ojo de cristal» es de color blanco o azul claro debido a la falta de pigmentación, pero esto no afecta a su visión.

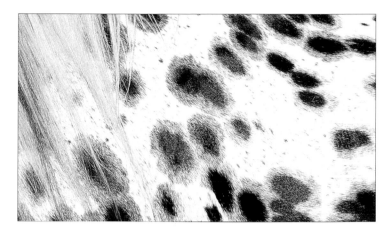

Pelaje del Appaloosa tipo leopardo o atigrado.

Pelaje del Appaloosa tipo jaspeado.

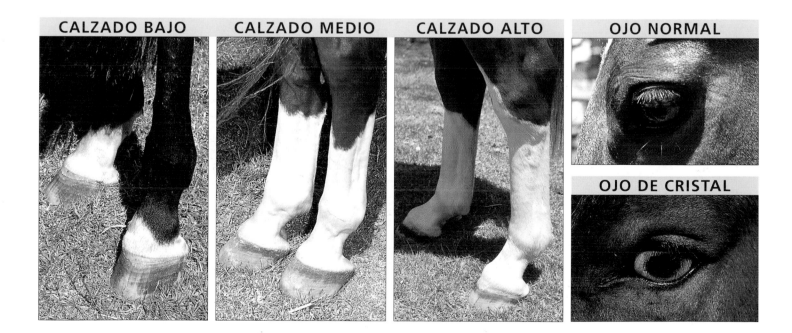

CALZADO BAJO **CALZADO MEDIO** **CALZADO ALTO** **OJO NORMAL**

OJO DE CRISTAL

ADQUIRIR UN CABALLO

La mayoría de las personas que compran su propio caballo tiene algún tipo de experiencia en montar, aunque no sea de carácter competitivo o no haya recibido lecciones de equitación. Sin embargo, y aunque posea algún tipo de conocimiento sobre caballos, es preferible pagar a alguien que tenga más experiencia en el cuidado de estos animales para que le dé una segunda o una tercera opinión antes de comprometerse. Por ejemplo, los profesores de equitación suelen dar buenos consejos y le podrán ayudar a montar de la forma apropiada. Si usted o su hijo están recibiendo lecciones de equitación, debería poner su confianza en el instructor, aunque vaya a recibir una comisión por la venta.

Una vez esté convencido del tipo de caballo o pony que desea adquirir, puede decidir dónde empezar a buscarlo. Existen diversas opciones, desde distribuidores y criadores de caballos hasta escuelas de equitación o incluso subastas. Si lo que busca es un Purasangre y es un jinete experimentado, puede considerar la opción de comprar uno. Si lo que quiere es un Sangre caliente o un Silla americano, lo mejor que puede hacer es ponerse en contacto con criadores. Incluso aunque no tengan nada en ese momento que le pueda satisfacer, muchos criadores siguen el rastro de sus caballos una vez los han vendido, y pueden ponerle en contacto con distribuidores de renombre. Las razas más conocidas y establecidas tienen su propia sociedad de criadores en la mayoría de países, lo que le podrá servir como guía para saber lo que está disponible en ese momento.

También puede probar en una casa de asistencia para caballos. La gente que rescata caballos suele dejarlos ir con una familia que los atienda bien después de su rehabilitación. Pero tenga cuidado: estos caballos pueden haber sido confiscados por sufrir malos tratos por parte de sus propietarios, por lo que no es aconsejable para compradores primerizos.

Otra fuente de información son los anuncios en periódicos y revistas de caballos, o en Internet. Sin embargo, sea precavido ya que todo el mundo puede poner estos anuncios, desde distribuidores, agencias y criadores (conocidos o no), hasta individuales que pueden querer vender por tener problemas con su caballo. Intente averiguar lo que el caballo o pony ha hecho durante este período y quién lo ha montado. No puede confiar plenamente en las afirmaciones que le pueda hacer una persona extraña acerca del caballo, como por ejemplo, que es un

Derecha. Antes de tomar la decisión de comprar un caballo o un pony, pruébelo siempre.

caballo «bombproof» y sin vicios. Muy a menudo, los compradores primerizos de caballos son estafados con una charla astuta y se encuentran con problemas que no están preparados para solucionar.

Antes de tomar una decisión debería montar al caballo al menos una vez. Antes de decidirse pídalo a su propietario que lo ejercite para ver cómo actúa el animal cuando lo monta otra persona. Si lo va a montar en vías públicas, pida ver cómo reacciona cuando hay tráfico. Antes de llevarlo a casa sería también interesante ver de qué modo actúa al introducirlo en el box, ya que este tipo de problemas son muy difíciles de solucionar.

Si no está convencido de que se trata de su caballo ideal, también puede llevarlo a casa durante una o dos semanas para probarlo, o alquilarlo temporalmente. Nunca se sienta forzado a tomar una decisión rápida a no ser que esté totalmente seguro que su decisión es la correcta.

Abajo. *Siempre es rentable pedirle a un profesional que le ayude a elegir su primer caballo. Pida ver cómo reacciona el animal en diferentes situaciones, con o sin jinete, o al entrar en una caballeriza. Nunca se sienta forzado a tomar una decisión rápida.*

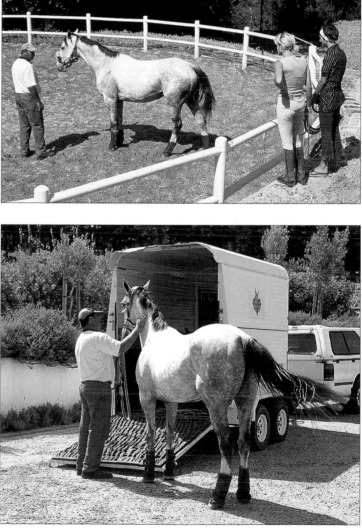

Implicaciones económicas

Antes de que decida comprar un caballo o un pony, es imprescindible entender lo que requiere económicamente, y calcular los costes que le supone.

Adquirir el caballo es, algunas veces, lo más barato de todo. Así, no sólo deberá ocuparse de su educación y de encontrar un techo para él, sino que también deberá ocuparse de mantener al animal sano. La norma es ponerle herraduras a su caballo, pero incluso aunque decida no hacerlo, necesitará que un herrador venga a visitarle periódicamente para cortarle las uñas del casco. Todos los caballos necesitan, además, inoculaciones y desparasitaciones, lo que puede resultar obligatorio en su país. Si va a guardar al caballo en una cuadra ajena a su casa, deberá averiguar si todos los costes adicionales van incluidos en el precio o se añadirán a su factura mensual.

Las herraduras son otro factor de coste que debe merecer su consideración, ya que una vez colocadas deberán conservarse y cambiarse periódicamente.

Si va a asegurar a su caballo, cosa que es aconsejable, supondrá otro gasto más mensual.

Los jinetes de competición, o sus padres, también tendrán que correr con los gastos de las clases de equitación y las entradas al hipódromo. Y si las competiciones no son en su ciudad, también deberá añadir el gasto de desplazamiento y alojamiento. Y no sólo el suyo, sino también el de su caballo, lo que supone otro gasto, ya que tendrá que pagar el transporte de su caballo o, como alternativa, comprar o alquilar un remolque especializado. Si se decide por lo último, debe asegurarse que su vehículo podrá remolcarlo.

La revisión veterinaria

Una vez haya encontrado el caballo apropiado, el paso siguiente es realizarle una revisión veterinaria, para su propia tranquilidad y por razones de seguro. Puede parecer innecesario, y en particular si el caballo parece sano y está en forma. Sin embargo, siempre es un alivio que un profesional opine sobre el estado de salud de su caballo, así como que le asegure que se encuentra en perfectas condiciones para el trabajo que se le requiere. Por ejemplo, un buen veterinario intentará solucionar cualquier problema de pies o de patas de un caballo que se dedique a los saltos.

Como comprador es su deber que el caballo pase las revisiones médicas necesarias, y los gastos correrán de su cuenta. Contacte con un veterinario que trabaje normalmente con caballos: el veterinario de su perro o su gato no es la persona más apropiada. Nunca llame al veterinario del vendedor de su caballo: lo que necesita es una opinión totalmente ajena.

Si el vendedor tiene los papeles de raza, los diferentes certificados y un pasaporte oficial, proporcióneselos a su veterinario y explíquele el motivo por el que ha comprado el animal. Una vez el veterinario haya examinado a su caballo usted recibirá un infor-

Unas buenas instalaciones le podrán ofrecer una amplia variedad de servicios, como cuadras supervisadas, almohazamiento y ejercitación del animal. Los servicios veterinarios y del herrador no están incluidos en el precio.

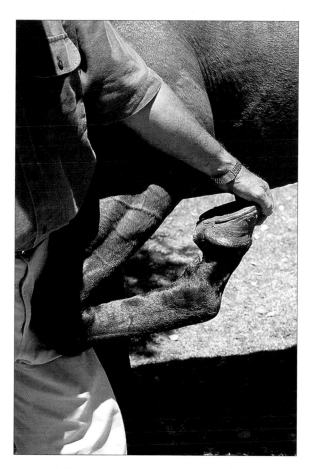

Las revisiones veterinarias de rutina ofrecen, a menudo, una prueba de flexibilidad en las patas delanteras del caballo. Después se dispondrá al animal a trotar para comprobar que está sano.

Los caballos son unos animales cuyo instinto de defensa cuando ven peligro es salir corriendo. Un caballo que, por ejemplo, tenga acceso a la vía pública, es causa de peligro si se desboca, y muchos se han dañado o han causado daños a vehículos durante este tipo de incidentes. Incluso el caballo mejor educado se puede agitar en situaciones de estrés, por lo que es preciso tomar precauciones. Recuerde que si su caballo causa algún daño a una propiedad o a una persona, se le considerará el responsable legal de los hechos, independientemente del país en el que viva.

Es posible que también quiera averiguar la posibilidad de adquirir un seguro médico de algún tipo, por lo que las facturas del veterinario serían pagadas, al menos en parte, por dicho seguro.

Pero antes de disponer nada, déjese aconsejar preferiblemente por un buen agente especializado en seguros relacionados con caballos, y que le podrá ofrecer diferentes opciones.

Si el robo de caballos supone un problema en su localidad, piense en marcar a su caballo con el propósito de ser identificado. Esto, junto con cualquier cicatriz natural o espirales en el pelaje del caballo, será anotado en la documentación oficial del animal, incluido en su pasaporte, si dispone de uno.

me por escrito o un certificado, pase su caballo la revisión o no.

Si lo que va a comprar es un pony con la intención de que compita, es posible que también requiera un certificado con su altura, dependiendo de las regulaciones de la sociedad equina de su zona.

Seguro

Independientemente del precio que vaya a pagar por su caballo o su pony, nunca deberá pasar por alto el seguro. Existen diferentes tipos de pólizas, que le asegurarán no sólo a su caballo, sino también a terceras personas, a la vía pública, a los jinetes y a los remolques especiales para transportarlos.

Abajo, izquierda y derecha. Todas las marcas deberían ser apropiadamente anotadas en el pasaporte y demás documentación del caballo. Esto puede ser de gran ayuda a la hora de identificarlos.

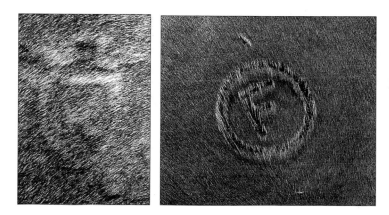

Un hogar para su caballo

Una vez haya tomado la decisión de adquirir un pony o un caballo, debe decidir dónde alojarlo. En muchos casos, el clima y las condiciones estacionales determinarán si debe considerar la opción de dejar al animal al aire libre, sin la necesidad del acceso diario a una cuadra. Muchos caballos y ponies, particularmente los de razas más resistentes, se las arreglan bien siempre que tengan el espacio suficiente y acceso a algún tipo de refugio, aunque sólo se trate de árboles grandes. Si además dispone del pasto apropiado y de abastecimiento constante de agua podrá desarrollarse bien en un entorno así. Después de todo, probablemente esto sea lo más cerca que estará del hábitat natural del caballo.

En muchos lugares del mundo, se ha convertido en una norma proporcionar cuadras, aunque sean las más básicas, particularmente cuando los caballos son de competición. Mientras mucha gente deja a su caballo en una cuadra día y noche, excepto cuando lo entrenan o lo montan, muchos otros propietarios optan por un sistema combinado: dejarle en la cuadra sólo de noche o, en lugares cálidos, sólo en invierno.

Puede considerar la opción de dejar su caballo en casa si dispone del espacio y las facilidades suficientes o si en su propiedad se pueden construir *paddocks,* o los refugios y cuadras apropiados. Si no, deberá encontrar un lugar para alquilar que más se ajuste a sus necesidades, o buscar a alguien que disponga de dichas facilidades y que le pueda proporcionar este servicio. De cualquier modo, recuerde que los caballos son unos animales dóciles con un instinto de manada y que se las arreglan bien en compañía. Por este motivo, normalmente es mejor evitar dejar a su caballo o a su pony solo.

Otra consideración que debe hacer es dónde va a montar a su caballo la mayoría de las veces. A no ser

Arriba. *Este tradicional establo está provisto de varias cuadras en su planta baja.*

que disponga de un remolque para caballos, y el tiempo y la energía para estar siempre transportándolo a unas instalaciones apropiadas, necesita disponer de un lugar para montar, bien en su propiedad, bien en el lugar donde aloje a su caballo. Como alternativa, necesitará un acceso fácil a un hipódromo o un campo apropiado para montar, sin tener que cruzar carreteras. Una pista circular vallada, donde pueda ejercitar a su caballo, sería otra opción, del mismo modo que una pista de interior, particularmente en lugares donde el clima sea frío o húmedo.

PRADOS Y *PADDOCKS*

El tamaño del prado o *paddock* necesario depende de la cantidad de caballos que vayamos a tener y de si se guardarán en un establo de noche. Algunos propietarios de caballos, incluyendo a criadores, dejan, sin ningún tipo de preocupación, a sus caballos en prados grandes y sin fraccionar. Gracias a que la vegetación es la apropiada y siempre hay agua fresca disponible, pueden errar libremente y hacer mucho ejercicio. Ésta es una forma sana de que los caballos jóvenes se desarrollen, y una solución muy habitual para aquellos que ya se han retirado. Lo malo de esto es que los caballos que viven juntos pueden golpearse o morderse de forma habitual, ya sea jugando, peleando o para marcar una jerarquía entre ellos. También se pueden dañar con las vallas y las ramas de los árboles, o con piedras

que no haya visto. Por este motivo, los caballos expuestos a la naturaleza se deben revisar diariamente, especialmente si no se montan ni se les lleva a una zona interior para darles de comer y almohazarlos. El Club Internacional de Ponies aconseja a sus miembros a coger a sus ponies y darles después un dulce como recompensa: esto facilitará el cogerlos cuando no se montan con frecuencia. Un consejo con mucho sentido, ya que no hay nada más frustrante que perseguir un pony por el campo durante media hora o más cuando lo único que quiere hacer es montarlo.

Los *paddocks* más pequeños son una opción muy común para las propiedades que pueden alojar a un gran número de caballos que necesitan ser separados de algunas compañías selectas. Así, también se convierte en una elección muy habitual el sistema combinado de guardarlos en cuadras por la noche y de día en *paddocks*.

Cualquier campo o *paddock* debe estar vallado adecuadamente y estar provisto de puertas de seguridad para mantener a los animales a salvo. Algunos expertos recomiendan el uso de vallas por las esquinas para que un caballo que esté galopando no corra el peligro de dañarse con ellas. En cualquiera de los casos, las zonas peligrosas deberían ser valladas para prevenir el acceso y así posibles accidentes.

Generalmente, los caballos rechazan la vegetación que no es apropiada para ellos, pero de todas formas es esencial quitar las malas hierbas que puedan ser venenosas. Siempre que sea necesario, contrate a alguien que revise la vegetación antes de dejar pastar al animal. Asegúrese, también, de que la vegetación no esté contaminada, en el caso de que se hayan usado productos para acabar con las malas hierbas.

Aunque las hojas de los árboles no se consideran parte corriente de la dieta equina, los caballos parecen saber qué plantas son seguras y cuáles no lo son, y pueden devorar una en un abrir y cerrar de ojos. Deberá tener esto en cuenta si va a plantar árboles para que den sombra, ya que deberá proteger a los recién plantados hasta que hayan crecido lo suficiente.

Izquierda. Un campo espacioso y correctamente vallado es compartido por varios caballos que pasan el día al aire libre.

Campos

Los campos para caballos deben ser extensos y bien drenados, sin pedruscos ni salientes escarpadas y con baches. Es imposible ser dogmático cuando se trata de la superficie que requiere cada caballo, pero normalmente cada uno necesitará varias hectáreas para que se puedan rotar las zonas utilizadas para el pastoreo. Los árboles le proporcionarán sombra aunque también es posible que quiera construir algún tipo de refugio contra el sol, el viento y la lluvia. La calidad y el tipo de hierba determinarán si necesita complementar la alimentación de su caballo con heno o con otro tipo de comida a granel.

El agua es algo prioritario y necesitará tener una especie de tanque lleno constantemente. Las bañeras antiguas pueden ser apropiadas, debido a que son seguras y su forma se adapta al animal. Deberá retirar el grifo o cualquier otro elemento en proyección. Limpie el agua de hojas y de suciedad regularmente y destruya cualquier formación de hielo que pueda crearse en los lugares de clima más frío. Un arroyo natural será también muy apropiado, dado que el agua está libre de aditivos.

Todos los campos deben mantenerse adecuadamente. Los caballos son animales de pasto selectivos y derrochadores, que a menudo eligen pedazos suculentos que se convertirán en insípidos y llenos de barro con la lluvia. Lo ideal es subdividir la zona en dos o más zonas, de modo que unos puedan pastar mientras otros descansan. Los granjeros recomiendan

Un sistema de alimentación automática de agua es una forma fácil de asegurar que el abrevadero se mantiene siempre lleno.

colocar ovejas u otro tipo de ganado en la zona en la que los caballos no quieren pastar, debido a que poseen diferentes preferencias y comerán la hierba que los caballos no han querido, así como los parásitos que perjudican a los caballos. Esto ayuda a reducir las infecciones por parásitos, lo que constituye un problema grave e inevitable, a no ser que se retiren todos los excrementos regularmente. Interesantemente, los parásitos internos del caballo no tienen como efecto el provocar enfermedades en otros animales.

Cada cierto tiempo, la zona utilizada para pastar debe reposar, y posiblemente también se debe destruir y después fertilizar. Es preferible que se haga en primavera para que la hierba tenga la opción de restablecerse por sí misma y crecer durante uno o dos meses antes de que los animales puedan pastar de nuevo.

Paddocks

Por definición, los *paddocks* son campos pequeños y cerrados, y normalmente se sitúan cerca de los establos. La medida de cada uno determinará el espacio disponible y el número de *paddocks* que se requieren. Parece obvio que cuanto más grandes mejor, en especial si va a alojar a más de un caballo. Sin embargo, un área mayor puede dar lugar a excursiones o galopes espontáneos, cosa que puede resultar aterradora para un propietario sin experiencia, especialmente si participan varios caballos. Incluso más aterradora es la tendencia de algunos caballos a embestir contra las vallas. Para evitarlo, puede incorporar pasillos estrechos entre los *paddocks*, si dispone del espacio para hacerlo. Y no es necesario que excedan los 2 metros.

Idóneamente, los *paddocks* deberían ser planos y con hierba, aunque muchos caballos hayan vivido en *paddocks* de arena o, en lugares donde el clima es húmedo, en *paddocks* de barro, sin ponerse enfermos. Los *paddocks* deben estar desprovistos de piedras, lo que significa tener que retirarlas periódicamente ya que siempre llegan hasta ahí.

Incluso aunque el *paddock* sea de hierba, el apacentamiento es más reducido que en un campo mayor. Esto no supone un problema si añadimos otro tipo de alimentación, como el heno o la paja. Recuerde que el heno y/o la hierba comprenden al

menos dos terceras partes de la dieta de cualquier caballo o pony. Los estómagos de los caballos son relativamente pequeños por lo que comen cantidades pequeñas de cualquier alimento que se les proporciono.

Los *paddocks,* al igual que los campos abiertos, deben tener abastecimiento de agua permanente. Si se usan contenedores pequeños como cubos, asegúrese que se llenan regularmente hasta arriba a lo largo del día, sobre todo en condiciones de calor.

Arriba y abajo.
Pequeños pasillos
entre paddocks
mantienen a los
caballos separados
y les previenen
de luchar a través de
las vallas.

Pistas para ejercitación y adiestramiento

Las pistas de ejercitación son un extra si se tiene un caballo en casa. Las más simples son las pistas planas y con hierba. Retire todas las piedras antes de usarla para montar, y abonela regularmente para conseguir que crezca hierba de buena calidad.

El tamaño de la pista dependerá de los ejercicios que vaya a realizar con su caballo, pero deberá constar al menos de 30 m X 30 m, o el tamaño normal de una pista normal de doma, 20 m × 40 m. Desafortunadamente, a no ser que se prepare el terreno de manera apropiada antes de plantar el césped, la superficie puede ser muy dura, en particular para el salto. Por esta razón, las pistas de arena son preferibles o, aún mejor, la arena se puede mezclar con astillas de goma, virutas de madera, corteza, o un polímero especial o en gel. Antes de traer la arena, el subsuelo debe ser preparado apropiadamente, y a ser posible por un profesional.

Un cercado circular debe medir al menos 20 m de diámetro. Si es muy grande, será muy difícil trabajar con el animal, y si es muy pequeño, éste puede resultar herido. En cualquier caso, su construcción debe ser supervisada por un profesional. Las pistas de arena son las más comunes, aunque en muchas ocasiones se les suele añadir una capa de aserrín a su alrededor.

Arriba. Una pista de doma de medida estándar.

Centro. Una mezcla de arena y astillas de goma es lo más habitual en las pistas de salto y de doma.

Abajo. Una pista de salto adecuadamente equipada.

Abajo. Un cercado circular de arena con una valla de seguridad es un valor inestimable para cualquier establo o escuela de equitación.

El vallado

Es imprescindible vallar las pistas, los campos y los *paddocks*. El vallado deberá ser fuerte, seguro, y lo suficientemente alto como para que los caballos no tengan valor para saltarlo. Si usted tiene ponies pequeños, asegúrese de que no pueden pasar por debajo o entre las vallas.

Las vallas compuestas por postes y cercas, con dos o tres cercas de estaca o madera plana, son perfectas para cualquier tipo de cercado para caballos. Como alternativa, puede combinar un alambrado o una enredadera de alambres con postes, pero siempre existe el peligro de que los caballos queden atrapados por el alambre, sobre todo cuando pelean a través del cercado. Lo ideal sería construir un vallado compuesto por postes y cercas con la parte superior de madera, y con varias hileras de alambre tensado.

Evite los alambres de espino, que pueden resultar muy peligrosos y dañar fácilmente a un animal que intente saltar o pasar a través de la valla. Evite también cualquier otro tipo de vallado con púas, bien sean de metal, de madera o de cualquier otro material.

Las cercas y los muros sólidos son también apropiados para cerrar *paddocks*, pero no suelen ser prácticos. Las cercas suelen tardar mucho tiempo en establecerse, y los muros de ladrillos o de piedra son caros. Si ya existen cercas o muros en la propiedad, pueden incorporarse en el diseño del *paddock*.

Aunque una buena regla es asegurar que el vallado sea, al menos, tan alto como el animal, recuerde que los ponies ágiles y los caballos de competición saltan fácilmente vallas altas. Irónicamente, suelen ser los ponies los que causan más problemas; aunque muchos caballos pueden saltar con facilidad 1,4 m, rara vez suelen intentar escapar.

Si tiene problemas con algún caballo o un pony que siempre salta la valla, la respuesta puede ser el vallado eléctrico. Disponible en varias formas, incluyendo una práctica cinta de alambre, puede colocarse de forma segura entre los postes, además de las cercas. La mayoría de los caballos cogen verdadero respeto rápidamente a este tipo de cercado. Aunque dispone del vallado eléctrico alimentado con una batería, es mejor que se use sólo en determinadas ocasiones, y temporalmente: en los espectáculos, por

Arriba. La valla de posteo y cercas resulta segura y decorativa.

Centro y abajo. La valla eléctrica se puede combinar con postes o emplearse electricidad únicamente.

ejemplo. Si va a instalar un sistema de vallado eléctrico permanente en los *paddocks*, asegúrese de que se ha colocado correctamente por un electricista cualificado.

Las puertas de acceso deben ser seguras y fáciles de cerrar y abrir para las personas, pero obviamente no para los caballos y los ponies. Deben colgar y tener las bisagras a un nivel mínimamente superior al nivel del suelo. Y siempre deben estar cerradas con un pestillo adecuado. La única otra alternativa recomendada es tener algunas cercadas desmontables, lo que resultará una opción muy barata pero que puede resultar incómodo en algunas ocasiones.

Finalmente, cualquiera que sea el tipo de entrada que decida tener en su *paddock* o pista, asegúrese de que es lo suficientemente amplia como para permitir el acceso a una persona mientras está montando a un caballo o un pony.

La puerta debe ser lo suficientemente grande como para permitir que entren vehículos al paddock *cuando sea necesario.*

La entrada de este paddock *está formada por una puerta con bisagras.*

Dos puertas metálicas proporcionan seguridad a este paddock *comunitario.*

Izquierda. *Esta cadena hace más eficaz el mecanismo de seguridad.*

Centro. *Una cerca extraíble es muy barata.*

Derecha. *Una cadena sirve para amarrar la puerta a un poste.*

Los establos del tipo nave americana, amplios y de terreno plano, son perfectos para cualquier tipo de clima.

ESTABLOS Y REFUGIOS

En general, los caballos no necesitan casas muy elaboradas, aunque existen unas reglas básicas en la construcción de establos. Los caballos de competición, incluyendo los caballos de salto, los caballos de carreras y los ponies de polo, se ven beneficiados al vivir en un entorno controlado donde se mantienen calientes, secos y tienen una dieta regulada, especialmente cuando es invierno. Puede ponerles una manta para que no pasen frío o darles raciones extras de comida para que se mantengan calientes, pero es preferible proporcionarles un establo acogedor.

Aunque, normalmente, los refugios en el campo son estructuras rústicas que no necesitan corriente eléctrica, la existencia de alumbrado y de enchufes es siempre útil, si no imprescindible, en cualquier establo: alumbrado para poder ver qué ocurre a primeras horas de la mañana, y enchufes (con sistemas de seguridad) para poder usar las herramientas y el equipamiento veterinario. Si uno de sus caballos está

enfermo, no le gustaría tener que abrirse paso entre la oscuridad con una antorcha. Aunque cada compartimiento de un establo no necesita luz propia, querrá disponer de un sistema que proporcione luz a todo el edificio en general, y también en su exterior. Necesitará al menos un enchufe. Los interruptores deben colocarse en el exterior del establo.

Debería disponer también de un extintor para estar preparado en caso de emergencia.

La estructura de los establos

Existen establos de todos los tamaños y formas, desde el simple refugio de madera hasta el edificio más elaborado que dispone de una habitación para la guarnicionería, una despensa para la comida, y diferentes facilidades como sistemas automáticos de dispensación de agua, aire acondicionado, ventiladores o calefacción. De hecho, las fincas rústicas con establos varían tanto en estilo como en los servicios que ofrecen, por lo que,

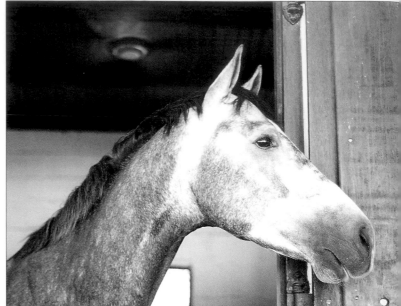

Izquierda. Un compartimiento para la comida y heno son los elementos necesarios para proporcionar facilidad de alimentación en un establo bien iluminado.

Arriba. Un ventilador en el techo con una cobertura de seguridad proporciona comodidad para el caballo cuando el clima es muy cálido.

Abajo. Los establos de ladrillo pueden construirse con un tejado adicional que les protegerá del sol y de la lluvia.

generalmente, deberá esperar recibir en servicios lo equivalente a lo que haya pagado.

Si quiere que no se produzcan grietas en el establo debería situarlo en un lugar bien ventilado, pero protegido del viento. La idea es proporcionar refugio contra el viento, la lluvia y el calor o el frío excesivos, sin tener que privarles de luz y de aire fresco.

Los materiales que se usan para la construcción de establos dependerán de sus gustos y sus necesidades, así como de lo que esté permitido en su población. Averígüelo por medio de las autoridades locales competentes. Los planos oficiales para la construcción de edificios siempre se requieren, incluso para las estructuras de madera más simples.

Existen principalmente dos tipos de establos: lo que se conoce en muchos lugares como boxes fijos, y las *cuadras*, que normalmente se construyen en naves amplias. Sin embargo, la creatividad arquitectónica ha desembocado en la creación de una gran variedad de estilos, desde los edificios con una simple división, hasta las amplias fincas que incorporan las tradicionales cuadras divididas de tal forma que los animales puedan verse unos a otros.

Cuanto más tiempo pase un animal en su cuadra, más importante será para él tener compañía y una buena vista. Los caballos aburridos y frustrados se vuelven tristes y desarrollan los llamados vicios de establo *(ver págs. 88-90)*.

Las cuadras son el tipo más pequeño de establo (miden sólo 2 m de ancho). Generalmente, permiten al animal tumbarse, pero no le permiten girar o darse la vuelta. En una cuadra tradicional, el caballo está situado de frente a un muro vacío mientras su cola, y la del resto de caballos, están en dirección al pasillo de acceso. Esto permite que la limpieza de la cuadra sea una tarea más sencilla, pero dista lejos de la perfección, ya que es restrictiva y causa aburrimiento en el animal.

Los establos divididos en cuadras suelen ser normalmente circulares, y pueden medir entre 3 x 3,6 m (para un pony pequeño), y 3,6 x 4,2 m (para un caballo grande). Los sementales y las yeguas

Estos establos de piedra y madera, con un espacio al final para el alimento, cuentan con un pequeño tejado que protege a los animales de las inclemencias de los elementos.

paridas deben disponer de cuadras de mayor tamaño, al menos de 4 x 5 m.

Los boxes fijos se pueden construir con cuadras dispuestas en fila, con muros sólidos, y con puertas dirigidas al exterior. Si el número de cuadras es muy elevado, podrán construirse en forma de «U». Los muros interiores pueden incorporar aberturas, con rejas de metal que permitan a los animales verse unos a otros. Los establos de madera pueden dividirse por medio de postes o de muros parciales que no lleguen hasta el techo. Asegúrese de que cada división, ya sea de madera o de otro tipo de material, es lo suficientemente resistente como para aguantar las posibles embestidas de un caballo. Los caballos son unos animales con mucha fuerza que pueden causar muchos daños en muy poco tiempo.

Si cada cuadra tiene un acceso directo desde el exterior, el techo del establo debería extenderse hasta más allá de la puerta, formando un tejado que proporcione sombra y permita evacuar el agua de la lluvia de modo que no pueda entrar al establo. Si además incorporamos una ventana, ésta debería poder abrirse hacia el exterior y estar protegida con barrotes o rejas.

Para el acristalado debería usarse solamente vidrio inastillable o de seguridad. Los techos de los establos deben ser relativamente altos (al menos de 3 m) para evitar que los caballos puedan dañarse la cabeza, incluso cuando se levantan.

Las puertas de un establo se dividen, normalmente, en dos mitades, de forma que la parte superior pueda abrirse independientemente de que la inferior siga cerrada. Sin embargo, la auténtica puerta de un establo debería ser más alta de lo que son la mayoría (al menos 2,2 m de altura, y con la parte inferior un poco más alta que la superior). Y de ancho debería medir alrededor de 1,2-1,3 m. Todos los pestillos o cerrojos deben ser muy seguros, y no tener protecciones. Revíselos periódicamente para evitar la posibilidad de que causen daño a su caballo. Al igual que las ventanas, las puertas deberían abrirse hacia fuera.

Recuerde que una buena ventilación es primordial. Un establo mal ventilado, con humedad y con polvo puede provocar alergias, infecciones y otros tipos de irritaciones en el animal. Si el establo es un poco frío, una manta de buena calidad proporcionará calor y bienestar a su animal.

Los suelos deben ser antideslizantes y, preferiblemente, antiabsorbentes. El uso de suelos de hormigón es muy habitual ya que es muy práctico, fácil de preparar y relativamente barato. A no ser que el suelo sea antiabsorbente, absorberá algo de humedad, de modo que habrá que limpiar y, en algunos casos, cambiar de lugar la cama del animal diariamente *(ver también págs. 46-47)*.

El uso de ladrillo también es aconsejable, dado que tiene un acabado muy suave y es muy plano.

Arriba a la izquierda.   *Incluso los caballos tienen juguetes para combatir el aburrimiento.*

Arriba a la derecha.   *Esta puerta, además de ser segura, dispone de un sistema antibalanceo incorporado.*

Derecha.   *Un contenedor de agua es llenado en el exterior e introducido al establo a través de un agujero.*

Arriba. El abrevadero dispone de un sistema automático de llenado para que nunca le falte agua a su caballo.

Derecha. La paja es un material económico, y utilizado por mucha gente, que sirve para disponer el lugar de descanso de su caballo.

Algunas personas defienden el uso de un suelo natural, lo que es aceptable siempre que también se le proporcione un lugar cómodo donde dormir y se mantenga limpio. Obviamente, no podrá secar el suelo, pero la mayor parte de la humedad desaparecerá si el drenaje natural del suelo es el apropiado. No obstante, tenga en cuenta que las normas de construcción o de salud de su población pueden prohibir este tipo de suelo. Algunas autoridades locales insisten también en la creación de planes específicos de drenaje, con canales que vayan desde los establos hasta una alcantarilla exterior.

Como normalmente se alimenta a los caballos en los establos, también deberá plantearse el tema de los comederos y abrevaderos. Ambos deben colocarse en un lugar bajo, así el animal podrá comer y beber sin tener que cambiar su postura natural, cabeza abajo. Dispensadores de agua automáticos que se vacíen en un cubo sería lo ideal, pero no satisfacen a todo el mundo. Un cubo con una capacidad de 20 litros es adecuado, pero necesitará llenarlo a menudo, especialmente en las noches de verano calurosas. Si su caballo suele volcar los cubos, deberá colocarlo dentro de un neumático viejo para que se estabilice.

Un comedero empotrado es útil para prevenir que caiga comida en la zona de descanso del animal. Idóneamente, debería colocarse en la esquina del muro donde también se encuentre la puerta. El heno puede proporcionarse en sacos o atado en una red, y colgarlo cerca de las ventanas o entre establo y establo. Si el establo es grande, podrá colocar el heno en el suelo, pero mantenerlo alejado del lugar donde duerme el animal. Siempre existe el peligro de que el animal quede atrapado por la cuerda que sujeta el heno si no se ha apretado lo suficiente. Recuerde que el nudo que haga al atarla también debe ser seguro.

Si su caballo tiende a tocar con la pata la red, será mejor que no la utilice. En su lugar, puede colocar el heno en el suelo e ir rellenando el comedero una vez haya terminado de comer.

Derecha. Un contenedor de agua puede sujetarse de forma segura a la pared.
Página siguiente. El lecho de paja está preparado para la yegua y su potrillo.

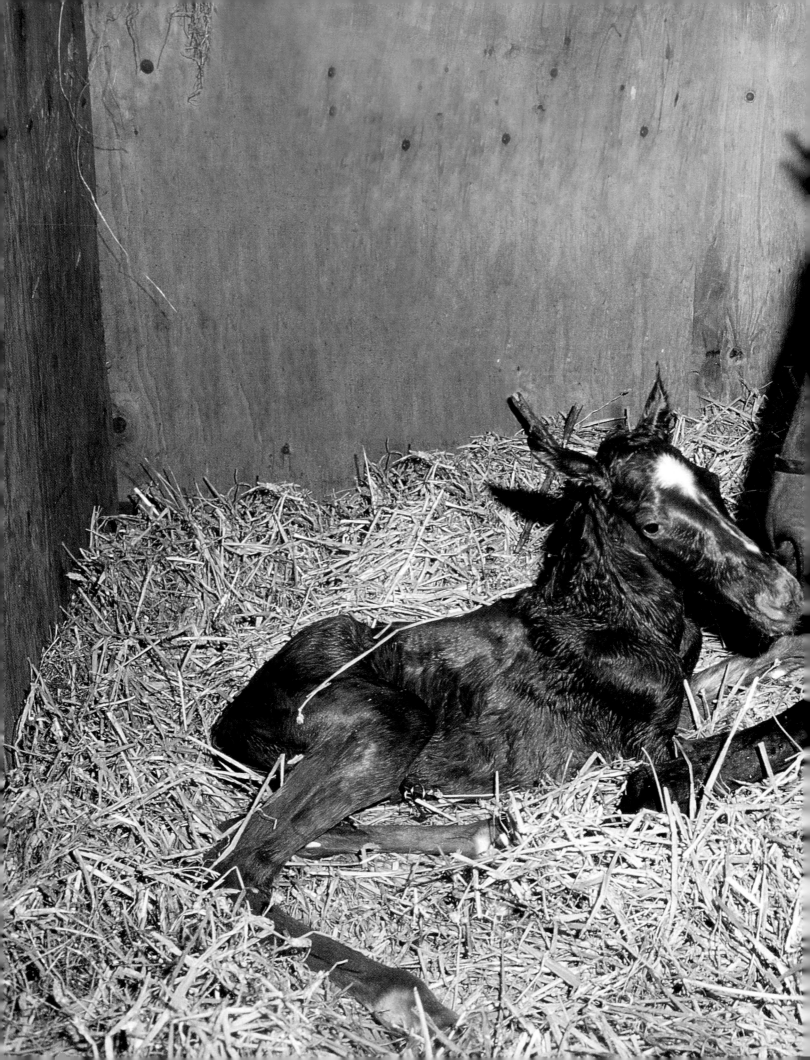

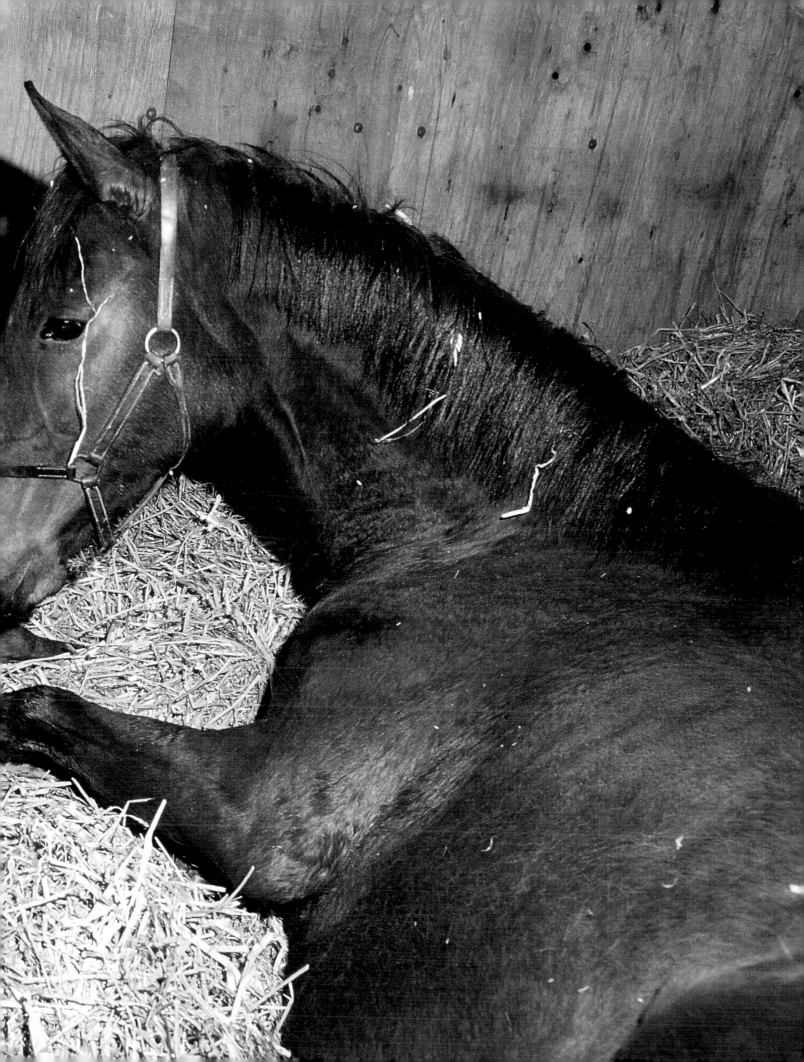

La cama

Una cama siempre proporciona un lugar seguro y cómodo para que los caballos y ponies duerman. Hay algunas que absorben la humedad, incluyendo la orina. Aunque los caballos duermen a menudo sobre sus patas, muchos deciden tumbarse cuando se sienten seguros. Uno de los mayores placeres para los propietarios de caballos es entrar sigilosamente al establo y observar cómo duerme su querido caballo, o cómo le mira adormecido.

Existen diferentes opciones para la preparación de una cama, pero las dos más habituales son el uso de paja y el uso de viruta de madera.

La viruta de madera es un tipo de cama común y práctico, y además es muy absorbente.

- *Paja.* La paja se obtiene fácilmente y a un precio razonablemente económico si la compra a granel, ya que dispone de lugar para guardarla. Es cálida, cómoda y fácil de manejar, y permite que la orina se vaya y no sea absorbida. Los inconvenientes son que mucha gente, y de hecho también algunos caballos, son alérgicos a la paja, aunque también hay muchos caballos y ponies que se la comen. Del mismo modo que la paja para comer, existe paja para la cama del animal de distintos tipos, dependiendo del lugar donde viva. La paja de trigo es la más usada. Otros tipos de paja son: la paja de avena, que es suave y fina y suele ser el aperitivo preferido de los caballos; y la paja de cebada, que se usa menos ya que se empapa con mayor facilidad y contiene, a menudo, cerdas rígidas que pueden dañar la piel. Como ventaja podemos destacar que todos los tipos de paja se pueden encontrar fácilmente.

- *Viruta.* La viruta proporciona suavidad, ligereza y absorción a su lecho. Sin embargo, hay que tener cuidado con su disposición: no es aconsejable extenderlo por el campo donde pastan los caballos ya que los huevos de gusanos y otros parásitos internos podrían difundirse.

- *Papel triturado.* El papel triturado es una buena solución para aquellos caballos que tienen alguna alergia, pero necesita cambiarse con más frecuencia que la paja o la viruta. Es relativamente difícil de colocar ya que, una vez está sucio, pesa mucho.

- *Turba.* Un lecho de turba es muy cómodo, pero también es un material ultra-absorbente, muy trabajoso y muy sucio. Sin embargo, es muy fácil colocarlo, especialmente para los jardineros.

- *Arena.* La arena se usa en algunos países como cama pero no es muy recomendada: no proporciona calor, es compacta, y puede causar cólicos si se ingiere.

- *Materiales especiales para camas.* Entre los cuales se incluye el cáñamo, que no produce polvo y es absorbente, aunque suele ser caro.

1

2

Retire cada mañana el material sucio y los inevitables montones de estiércol. A no ser que use el sistema de cama profunda (ver pág. 48) retire todo el material metódicamente para descubrir las zonas mojadas y el estiércol que pueda estar escondido.

Desplace todo el material restante hacia la parte posterior y los lados de la cuadra, separando tanto como pueda la paja o la viruta limpios de los mojados. Utilice un rastrillo o una pala para hacerlo, y deje a la vista la mayor cantidad de suelo posible. Retire cualquier residuo restante con los extremos de la pala.

3

4

Cepille el suelo con una escoba de cerdas duras. Periódicamente debería frotar el suelo con algún producto desinfectante. Después de barrer y fregar, deje el material para el lecho en los costados y ventile la cuadra. Idealmente, un establo limpio debería ventilarse a diario, aunque no será posible si el animal vive ahí.

Posteriormente, extienda el material de lecho que apenas esté húmedo por el suelo y recúbralo con el material limpio, ayudándose con un rastrillo. Cúbralo con paja o viruta limpia fresco si es necesario. Una vez vaya a colocar la paja, recuerde removerla bien para asegurarse de que ha preparado una cama agradable y ligera.

Independientemente del tipo de cama, los materiales sucios y empapados deben retirarse diariamente, del mismo modo que debe realizarse la limpieza del suelo y el añadido de material limpio (preferiblemente cuando el caballo no se encuentre dentro). No hay unas reglas que determinen la profundidad perfecta de un lecho, pero éste debe ser lo suficientemente grueso para proporcionar calor y comodidad. Un buen consejo es que si, una vez encima del lecho, puede sentir el suelo, éste no será lo suficientemente grueso.

Con lo que se conoce como sistema de cama profunda, se añadirá una cama limpia diariamente, pero no se limpiará el material anterior. Empiece, aproximadamente, con 150 mm de viruta y añada arriba una capa fina de paja. Retire la paja empapada y el exceso de humedad a diario sin inquietarse demasiado, y añada paja fresca en la parte superior del lecho. Normalmente bajará orín a la base, provocando que el material se pudra. De vez en cuando (al menos cada 6 meses) la totalidad de la cama deberá ser desechada y comenzar de nuevo con otra. Si la ventilación es adecuada y ha construido la cama correctamente, no debería haber malos olores. Si el establo comienza a oler o a llenarse de moho, compruebe la ventilación.

Si su caballo vive en el establo, éste debería limpiarse de manera profunda diariamente.

Refugios de campo

Proporcionan cobijo a aquellos caballos que viven en el campo y en *paddocks*, ya bien pasen ahí todo el tiempo, o sólo salgan de día. Como no tienen ni puertas ni ventanas, los caballos pueden utilizarlos siempre que les plazca. Deberá colocar el refugio de forma que proporcione la mayor protección posible contra el viento.

El tamaño de su estructura dependerá del número de caballos que vayan a usarlo a la misma vez: puede ser tan grande o tan pequeño como se desee. La madera es el material preferido para su construcción. Aunque también se pueden usar placas de hierro ondulado, no es aconsejable dado que proporciona mucho calor. Un refugio típico sería uno que estuviera abierto frontalmente y de lados resistentes. No obstante, el uso de una tela también es una opción.

DISPOSICIÓN DEL ESTIÉRCOL Y DE LA CAMA

Debe saber lo que hacer con el estiércol y con los restos de paja sucia que encuentre al limpiar una cuadra, y encontrar el modo de colocarla. Si vive en una granja o en una pequeña finca y dispone de un espacio donde guardarla mientras se degenera, el estiércol de caballo puede servirle para abonar huertos. Antes que amontonar el estiércol en varias pilas, cave varios agujeros de al menos 2 x 2 m de extensión y 2 m de profundidad. Arroje el estiércol dentro, junto con frutos crudos y los desechos de vegetales si lo desea. Una vez haya llenado el primer agujero, deje que el estiércol se asiente y se descomponga mientras que los vegetales se pudren. Cuando vaya por el tercer o cuarto agujero, probablemente el estiércol del primero ya estará listo para su uso, o para su venta. Asegúrese de disponer estos agujeros lejos de su casa o de su establo para evitar malos olores y la aparición de moscas. Asegúrese también de que no está violando ninguna ley contra la salud pública.

La disposición de los materiales de cama es mucho más complicada, aunque la paja puede quemarse una vez está seca. También podrá enterrarla o usarla como material de relleno, a no ser que se disponga a usar esa zona como campo de pasto para los caballos.

Abajo. Una simple estructura proporciona a los caballos cobijo del sol y la lluvia.

Guadarnés y almacén de piensos

Son un complemento de un valor incalculable para cualquier establo. Idealmente, deberían ser dos habitaciones totalmente independientes, aunque en la práctica la mayoría de los establos recoge ambas funciones en una sola habitación. Las habitaciones destinadas a guardar el equipo del caballo y el jinete deben ser secas. Si, además, están destinadas al almacenamiento de sillas de montar y otros equipamientos caros, deben ser a prueba de ladrones.

Toda habitación utilizada para la alimentación de los caballos debe estar limpia, seca y bien ventilada. Lo ideal es mantener la paja, el heno y la alfalfa en compartimentos separados y, a ser posible, en un edificio independiente del establo, para evitar que los caballos salgan dañados en un posible incendio. Si decide dejar el heno y la paja en un almacén, sitúe los montones encima de una plataforma de forma que no toquen el suelo y así prevenir la humedad y la contaminación. También será imprescindible un control efectivo contra roedores: las autoridades de su zona pueden tener unas normas específicas relacionadas con este tema.

Arriba. Un refugio con barras de metal y un techo de tela es perfecto para los lugares con un clima muy caluroso.

Arriba a la derecha. Esta habitación muestra la variedad de guarnicionería disponible.

Derecha. La disposición de un almacén debe estar cuidadosamente planificada.

El cuidado de su caballo

Si ha montado en una escuela de equitación, o ha alquilado algún pony o caballo, es posible que disponga de algún equipamiento para montar, aunque se trate de una manta o un *kit* de limpieza. Si no es así, deberá partir de cero.

Mientras el equipamiento que se requiere viene determinado por el tipo de caballo que posea, así como por el tipo de ejercicio que vaya a realizar con él, algunos instrumentos como sudaderos, mantas, etc. dependerán más del clima de su población y del hogar del caballo.

Además de toda la parafernalia relacionada con la monta de su caballo, deberá estar equipado con un *kit* de primeros auxilios *(ver pág. 120)*, una selección de objetos requeridos para viajar *(ver págs. 94-95)* y otros instrumentos necesarios para proporcionar un cuidado correcto y salud a su caballo.

Usted o la persona encargada del establo debe ser capaz de desempeñar las diferentes tareas diarias de cuidados del caballo estabulado, que incluyen el cepillado del caballo, el cuidado de sus cascos, así como entresacar su crin, y recortarle la cola y los mechones de pelo acumulados en los espolones. Aunque la mayoría de los jinetes aprenden a trenzar la crin de su caballo, sólo unos pocos deciden hacerlo por sí solos y prefieren contratar a un mozo de cuadra que disponga de los conocimientos y el equipo para hacerlo. También necesitará conseguir asistencia regular de un herrador que se ocupe de cuidar las herraduras de su caballo y cambiárselas cuando sea necesario.

Los dientes de los caballos también necesitan ser revisados periódicamente, bien por un veterinario o por un dentista equino.

HERRADURAS Y EQUIPACIÓN

Vaya a una tienda donde vendan herraduras o sillas de montar y podrá darse cuenta de la cantidad de guarnicionería existente tanto para un caballo como para su jinete: filas enteras de sillas de montar distintas; bridas, cabezadas y riendas de diferentes tipos; frenos con diferentes propósitos de metal, caucho o materiales sintéticos; *numnahs* o mantilla-sudadero para las sillas de montar de diferentes tamaños, formas y colores; montones de mantas y sudaderos.

Un punzón para el cuero es una herramienta de mucho valor.

También existen botas y vendajes de todas las formas y tamaños, hechos de una gran cantidad de materiales distintos. Hay cepillos, peines, gomas y agujas despuntadas para trenzar la crin del animal; diferentes tipos de aceite para el mantenimiento de las herraduras o la piel; jabones y champús para la limpieza de las herraduras, y jabones y champús especiales para lavar a los caballos. Pero no es necesario comprarlo todo. Empiece con los elementos esenciales y, posteriormente, añada a su equipo cuanto pueda permitirse.

Cabezadas

Suelen ser las primeras piezas de un equipo. Están fabricados con piel o materiales sintéticos, lo que facilita su limpieza. Normalmente, consisten en una banda para la cabeza, una para la nariz, una para las mejillas y un lazo para el cuello, unidos mediante hebillas. La cabezada se desliza por encima de la nariz del caballo y por debajo de su garganta antes de precipitarse hasta el cuello, por detrás de las orejas. Una cabezada de cuadra sencilla está fabricada con red o con tela y se coloca por encima de la nariz y detrás de las orejas. Se usan con unas riendas o con una cuerda que permite atar al caballo o dirigirlo.

Cabezada.

Bridas y frenos

Existen bridas de diferentes estilos y formas, y deben elegirse en función del trabajo que vaya a desarrollar el animal. Las reglas de competición normalmente especifican qué tipo de frenos y de bridas pueden usarse, así que deberá asegurarse de comprobar la reglamentación antes de competir. Normalmente, la opción más simple que funcione con el caballo y su jinete es la mejor. Por esta razón, la mayoría de jinetes deberían comenzar con una simple brida filete que contenga una banda para la cabeza de cuero. Junto con una banda para las mejillas, hará de soporte para el freno en la boca del animal. El lazo del cuello, hecho con el mismo trozo de cuero que la banda para la cabeza, ayuda a mantener la brida en su lugar mientras que una banda en las cejas evita que la banda de la cabeza caiga hacia atrás.

La muserola más sencilla es el cavesson, que se ajusta alrededor de la nariz y por encima del freno. La muserola flash es un tipo de cavesson, pero está ajustada con una fina correa adicional, ceñida a la banda frontal por debajo del freno. Normalmente, se usa en el entrenamiento básico para ayudar a los caballos a adaptarse a ellas. El cavesson es la única muserola que debe usarse con un freno pelham o una brida doble, mientras que únicamente los cavesson o las muserolas pueden ajustarse a las martingalas fijas, que incorporan correas para mantener la cabeza del animal hacia abajo.

Muserola flash.

Muserola alemana.

Muserola inglesa.

La muserola alemana se sitúa por debajo del freno y suele utilizarse con los caballos más fuertes, previniéndoles de abrir la boca y así evadir el freno. Ésta debería mantenerse en la zona donde se halla el hueso de la nariz y no debería dificultar la respiración del caballo.

La muserola inglesa consta de dos correas que cruzan la parte frontal de la nariz utilizando una pequeña anilla de piel acolchada. Su acción es similar a la de la flash, y se sujeta bien justo por encima de la nariz. Son muy habituales en jinetes de pruebas combinadas, que suelen utilizarlas para controlar a sus caballos en la fase de campo a través.

La muserola mexicana, utilizada con un bridón, es la más utilizada en los caballos que tiran en exceso, pero deberían utilizarla solamente aquellos jinetes que posean experiencia. La acción que ejerce sobre la nariz mantiene el bocado hacia delante, reduciendo la presión que el bocado suele ejercer sobre la boca del animal.

PARTES DE UNA BRIDA FILETE

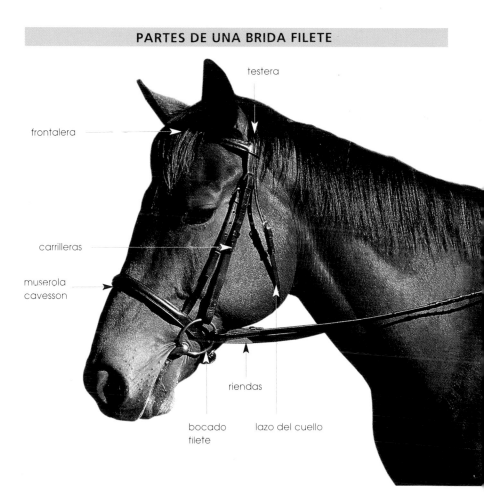

testera

frontalera

carrilleras

muserola cavesson

riendas

bocado filete

lazo del cuello

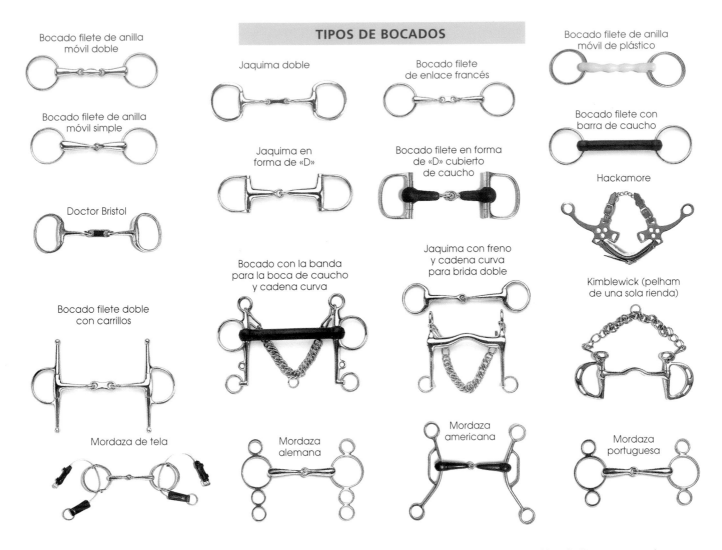

Bocado filete de anilla móvil doble

Bocado filete de anilla móvil simple

Doctor Bristol

Bocado filete doble con carrillos

Mordaza de tela

TIPOS DE BOCADOS

Jaquima doble

Jaquima en forma de «D»

Bocado con la banda para la boca de caucho y cadena curva

Mordaza alemana

Bocado filete de enlace francés

Bocado filete en forma de «D» cubierto de caucho

Jaquima con freno y cadena curva para brida doble

Mordaza americana

Bocado filete de anilla móvil de plástico

Bocado filete con barra de caucho

Hackamore

Kimblewick (pelham de una sola rienda)

Mordaza portuguesa

Los bocados están fabricados con acero inoxidable o materiales compuestos, sintéticos, caucho o vulcanita. Principalmente, existen tres tipos: el filete, el pelham y la brida doble o freno de barbada con bridón. Junto con las distintas partes de la brida, los distintos tipos de bocados actuarán en diferentes zonas de la boca, la nariz, surcos de las mejillas y el tupé (parte superior de la cabeza). Para que sea efectivo, el bocado debe ajustarse y usarse de forma adecuada. Normalmente, un bocado fino actúa de forma más severa que uno grueso.

El bocado filete es el más usado. Existen diferentes tipos, aunque el más popular es el bocado filete moderado. Se trata de un bocado de anilla móvil y con un solo eje cuya acción en los labios y en los laterales de la boca, a pesar de ser moderada, es muy efectiva. La jaquima, con articulaciones móviles

a los lados, ejerce una acción similar y proporciona buenos resultados en los caballos de boca sensible. Los bocados filete en forma de «D», de lados en forma de «D» en lugar de ser circulares, también constan de un eje en su centro, pero el metal suele estar recubierto de caucho. La cadenilla barbada o *fulmer* tiene unas rejillas a cada uno de los lados, lo que puede resultar útil en el caso de que el caballo sea desobediente o difícil de dominar. Las piezas laterales pueden ser fijas o articuladas. Algunos bocados filete tienen un eje doble, incluyendo el francés, el KK (un bocado alemán muy popular), y el Doctor Bristol, formado por una placa rectangular en el centro y lados circulares, que pueden situarse en uno de los ángulos para ejercer presión en la lengua del animal. Como su acción es muy severa, no se permite su uso en la doma, pero puede resultar

1 Una vez colocado el collar en la cabeza, coloque las riendas en el cuello del animal.

2 Retire el collar presionando ligeramente la nariz del caballo.

3 Presione el barrote con su pulgar para que el animal abra la boca; inserte el bocado.

4 Pase cuidadosamente la testera por encima de las orejas del caballo.

5 Abroche la cinta del cuello, dejando la anchura de cinco dedos entre el carrillo y la cinta.

6 Ajuste la muserola dejando la anchura de un dedo entre la barbilla y la muserola.

7 Asegúrese de que la muserola está nivelada a ambos lados (ajústela si es necesario) y que la muserola flash no se queda en el bocado.

8 Introduzca la muserola flash por la anilla y ajústelo por entre el bocado y la anilla.

9 Un bocado filete bien colocado resulta muy cómodo.

Sillas de montar

La silla de montar es la parte del equipo más cara que tenga que comprar y nunca debe adquirirse antes de comprobar que es la que mejor se ajusta. Adquiera la mejor que se pueda permitir, asegurándose de que le resulta cómoda no sólo a usted, sino también a su caballo o a su pony. Es mejor comprar una silla de segunda mano que se ajuste adecuadamente a su caballo que una nueva y más cara que no se ajuste adecuadamente y que le pueda causar daño alguno.

Existen varios tipos distintos de sillas de montar, pero la mayoría de jinetes noveles optan por una silla genérica que pueda usarse tanto para montar en llano (incluyendo el *hacking* y la doma) como para salto, o una gran variedad de disciplinas y deportes ecuestres, desde la caza hasta el espectáculo. Los jinetes con más experiencia y de competición suelen adquirir un equipamiento más específico diseñado especialmente para la disciplina en la que compite, por ejemplo las sillas especiales para doma.

PARTES DE UNA SILLA DE MONTAR

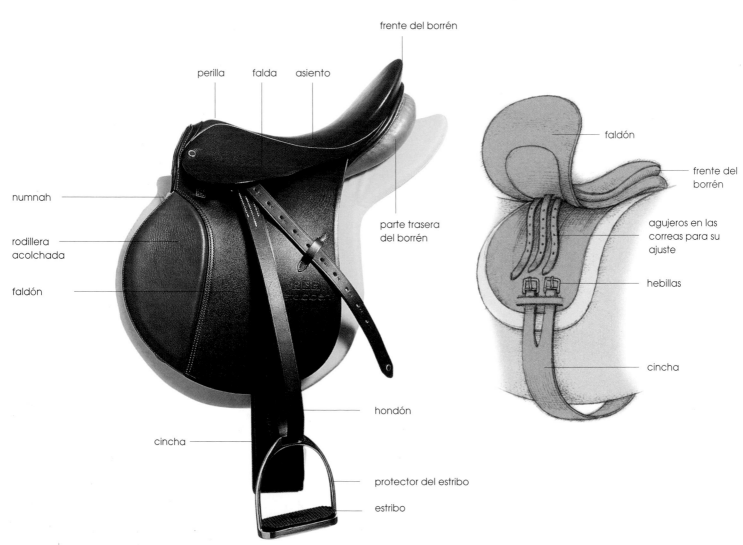

frente del borrén

perilla   falda   asiento

numnah

rodillera acolchada

faldón

cincha

parte trasera del borrén

hondón

protector del estribo

estribo

faldón

frente del borrén

agujeros en las correas para su ajuste

hebillas

cincha

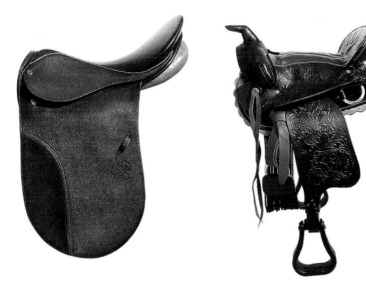

Silla para la doma.   Silla estilo vaquero.

Aunque la estructura de cada tipo de silla varía, todas se construyen encima de una estructura llamada fuste, cuyo tamaño y anchura determinan el tamaño de la silla en sí. Fabricadas tradicionalmente con un tipo de madera sólida pero flexible, como es la haya, el árbol de las sillas se fabrica actualmente con madera laminada o materiales sintéticos. Pueden ser rígidos o de muelles, llamados en este caso «árboles de muelles». El asiento de la silla y el panel situado en la parte trasera son diseñados y acolchados con el fin de proporcionar confort tanto al jinete como al caballo. La mayoría de sillas tienen un acabado en cuero de distintas calidades, pero también se suelen utilizar materiales sintéticos. Compre la silla de mayor calidad que pueda permitirse.

Una vez haya elegido la silla, necesitará comprar algunos accesorios adicionales: una cincha adecuada que se ajuste cómodamente al contorno de su animal y que mantenga a la silla en su sitio, estribos de acero inoxidable y suelas de cuero. Las cinchas, que normalmente son acolchadas, pueden estar fabricadas con varios materiales, como cuero, nylon, cuerda o malla. Algunos incorporan extremos elásticos para mejorar la sujeción. Hay tres

- *Sillas para la doma*. Su asiento suele ser más hondo que el de las sillas genéricas. Constan de unos faldones largos y de corte recto a ambos lados, para acomodar la posición de las piernas de los jinetes de doma.

- *Sillas para salto*. Constan de unos faldones relativamente cortos y su corte se dirige hacia delante, para acomodar las piernas de los jinetes en el momento del salto con lo que se conoce como silla ligera (se mantiene el contacto con las piernas cuando se inclina).

- *Sillas de contacto*. De origen continental y comunes para el salto. Como indica su nombre, se trata de una silla que permite al jinete tener un contacto más directo con el animal, dado que su acolchado es menor.

- *Sillas vaqueras*. Se trata de sillas muy elaboradas, usadas por vaqueros y por jinetes que montan al estilo del oeste, aunque existen muchas variaciones. Normalmente, las sillas vaqueras suelen ser más pesadas que las sillas británicas o europeas, y con un asiento más hundido que las hace más cómodas en las largas distancias. Se usan con almohadillas finas o sábanas, en lugar de con la típica almohadilla o *numnah*.

- *Sillas de resistencia*. Este tipo de sillas combina algunas de las características de la silla vaquera tradicional y de las sillas más genéricas y más ligeras.

Abajo. *Las cinchas pueden fabricarse con distintos materiales (de izquierda a derecha): sintético, acolchado, elástico, mechado, y de cuero (para las sillas de doma).*

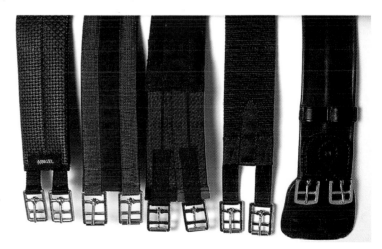

cuerdas de la cincha unidas a la malla, la cual se extenderá hasta ambos lados del fuste. Por seguridad, la cincha se abrocha a dos de los cintos. Los jinetes de pruebas combinadas utilizan un *surcingle* (sobrecincha) en el campo a través por seguridad en el caso de que la cincha se rompiera o la silla se resbalara. Parecido a una cincha, pero fabricada normalmente de malla, se ajusta al caballo por encima de la silla y la cincha. Mientras que una cincha puede ajustarse a la vez que se monta el caballo, el *surcingle* puede asegurarse de antemano.

Los hondones, que pueden ser sintéticas si el material de su silla es sintético, y los estribos, disponibles en diferentes tamaños y normalmente con suela de plástico para mejorar el agarre, se venden por separado. La correa de cuero se ensarta por una ranura que se encuentra en el extremo superior del estribo y, posteriormente, se une al otro extremo hasta formar un lazo. Éste se sitúa sobre las barras del estribo y debe unirse a ambos lados del fuste. En caso de que un jinete caiga, quede atrapado por un estribo y sea arrastrado, la suela de piel debería

desacoplarse de la estructura del estribo, aunque nunca hay garantías.

El uso de un *numnah* o una almohadilla para la silla de montar (también conocidas como sudaderos) es una práctica habitual. Puede ser circular, rectangular, o tener la misma forma que la silla de montar, y puede incorporar cintos o lazos atados a la silla para evitar que ésta se resbale. Está fabricado con materiales como la piel de carnero, bien natural o sintética, algodón acolchado, y fieltro, y protegen la espalda del animal a la vez que absorben el sudor. Su forma, color o tamaño dependerán de la modalidad que vaya a practicar. Por ejemplo, los jinetes de competición utilizan normalmente sudaderos blancos y rectangulares, mientras que los jinetes del mundo del espectáculo suelen utilizar colores parecidos al del animal, normalmente blanco, negro o marrón. Los jinetes de completo, como los jockeys de carreras, suelen utilizar mantillas del mismo color que su ropa y su gorra.

Para los niños pequeños que están aprendiendo a montar ponies, una silla acolchada, bien cubierta o no de cuero, es totalmente perfecta, y relativamente barata. No suelen tener fuste, sino tan

Estribos

Arriba a la izquierda. Los surcingle *suelen usarse en pruebas combinadas.*

Debajo. Existen numnahs *de varios colores, tamaños y formas.*

Debajo. Una silla de montar de almohadilla simple es ideal para montar un pony.

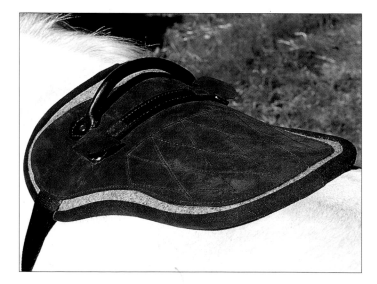

sólo un mango para que los niños puedan agarrarse, aunque algunos incorporan un fuste o un arco de metal para ayudar a que el fieltro se asiente correctamente en el lomo del animal. Las sillas acolchadas suelen incorporar una cincha de malla y se completan con estribos en forma de «D» en lugar de suelas con barras por separado. Normalmente suelen utilizarse junto con una baticola (correa de cuero que se ajusta por debajo de la cola del pony y se une a la parte posterior del borrón para impedir que la alfombrilla o silla se deslicen hacia atrás.

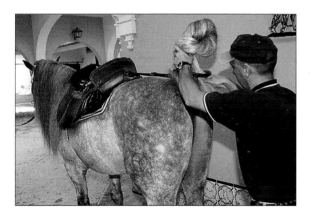

La baticola de cuero se ajusta alrededor de la cola del animal.

Todas las sillas de montar se miden por arriba, desde la perilla al frente (o, si tiene cabeza recortada, desde la arandela de metal situada al lado la perilla), hasta el borrón de detrás. La mayoría son de medidas estándar, desde 38 cm hasta 45,5 cm (15-18 pulgadas). A veces la medida se da en pulgadas, incluso en los países con sistema métrico. Reciben el nombre de estrechas, medianas y anchas. Una silla de montar debería probarse, antes de adquirirla, sin ningún *numnah* ni almohadilla: si hace presión en la cruz y la espina del animal es que es demasiado ancha. La silla debe extenderse en los lomos del caballo, pero debe dejar un hueco desde la parte trasera de la silla, por debajo del borrón, y a lo largo de la cruz del caballo. Además, debería colocarse siempre por un profesional.

Las sillas viejas y las que no se ajustan adecuadamente a su caballo pueden repararse por un profesional, pero nunca utilice una silla con el fuste roto.

COMPRUEBE EL FUSTE DE SU SILLA

Cuando vaya a comprar una silla de segunda mano, revise detenidamente el fuste. Si está torcido, agrietado o roto, la silla es inservible, por lo que no deberá arriesgarse.

- Un fuste torcido dañará la espalda de su caballo. Observe la línea superior de la silla, desde el borrén (detrás) hasta la perilla (extremo frontal que se asienta sobre la cruz del caballo), y compruebe que es simétrico.

- Aunque tenga el fuste rígido o elástico, podrá distinguir si el fuste está roto cuando el cuero de la silla está arrugado. Una silla con un fuste rígido no debería arrugarse ni doblarse.

- Para comprobar si hay rotura en el puente de un fuste, es necesario aplicar presión en ambos lados. Aunque los extremos sean flexibles, probablemente el fuste estará roto si hay movimiento por debajo del arco o alrededor de las barras de estribo, o si se oyen crujidos o chirridos por esa zona. Si hay sólo una rotura por debajo de las barras de estribo, podrá repararse.

- El borrén deberá ser totalmente rígido. Si está torcido, el fuste está roto.

- Una silla con el fuste elástico podrá flexionarse por el centro del asiento. Si hay más flexión en uno de los lados es que el fuste está roto. Podrá comprobarse colocando una mano por debajo del borrén y otra por debajo de la perilla. Levante su rodilla por encima de la silla y presione el cuello (parte central del asiento), intentando doblarla empujando la perilla hacia usted. Un fuste elástico puede haberse suavizado, pero todavía deberá ser elástico.

Vendajes y protectores para las patas

Sirven para proteger las patas de los caballos cuando trabajan, viajan, o incluso cuando están en el establo.

Campanas (o protectores extra). Se llaman así porque normalmente tienen la forma de una campana. Están hechos con caucho y se ajustan alrededor de la cuartilla para proteger los pies, en particular los talones y el área sensible que está justo encima de los cascos, en la base de la cuartilla. Algunos tienen correas o cintas de velcro para asegurarlos; otros simplemente presionan los cascos. Un caballo extralimitado puede golpearse sus propios pies y dañarse a sí mismo de no llevar protectores acampanados.

Campanas: Protectores de caucho.

Protectores de sobrecaña. Se usan para proteger las cuatro patas. Están fabricados con cuero o con materiales sintéticos acolchados. La mayoría de ellos tienen un forro de espuma y se fijan a la parte exterior de la pata.

Protectores con abertura frontal. Son similares a los protectores de sobrecaña, pero están diseñados específicamente para proteger tendones vulnerables. Suelen usarse en carreras de obstáculos. Se usarán protectores más gruesos en pruebas combinadas, para dar más protección a los tendones.

Los protectores de polo, que son más grandes que el resto y se extienden prácticamente hasta la rodilla, están diseñados para proteger las patas de los ponies de los sticks y las pelotas de polo, y de los golpes propinados por otros caballos en los partidos.

Las campanas suelen usarse para prevenir que un caballo extralimitado se dañe las patas delanteras.

PROTECCIÓN DE LAS PATAS

1

Protectores de sobrecañas de cuero con correas y hebillas.

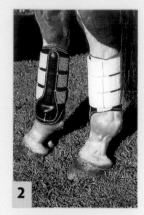

2

Protectores de sobrecañas de cuero y de color aseguradas con velcro.

3

Los protectores de tendones tienen un acolchado de protección en la parte posterior.

4

Los protectores de viaje ayudan a proteger las patas de golpes durante las marchas.

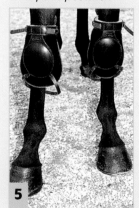

5

Los protectores de rodillas protegen las rodillas en las marchas.

6

Un anillo de caucho suele utilizarse si el caballo se roza la corona.

Los protectores de viaje están diseñados para evitar que el caballo se dañe mientras camina. Suelen estar fabricados con felpa gruesa o fibra sintética y acabados con correas o velcro. Revisten la pata desde debajo del corvejón o la rodilla hasta la corona. Los protectores para rótulas y para corvejones están también diseñados para la marcha; y también se usan vendajes y protectores para la cola y para la cornamenta. Los protectores para la cola están fabricados con los mismos materiales que los de viaje, mientras que los protectores para la cornamenta suelen estar hechos a partir de felpa o cuero.

Los vendajes de cuadra o para la pata se proporcionan en juegos de cuatro, y sirven para proteger las patas del animal, mejorar la circulación, y mantenerlas calientes en invierno. No obstante, debe usarse tejido acolchado o de algodón debajo de estas vendas para igualar la presión. Colóquelas con cuidado y correctamente para no cortar el flujo de sangre. Deben colocarse alrededor de la pata, empezando justo por debajo de la rodilla o corvejón, y hacia abajo hasta llegar a la corona, y entonces vendar hacia arriba de nuevo de modo que acabe en el mismo lugar que haya comenzado. Asegure el vendaje con esparadrapo o una tira de velcro tratando de no apretar más que el vendaje en sí. Deberá asegurarse de que los extremos quedan situados en la parte trasera de la pata.

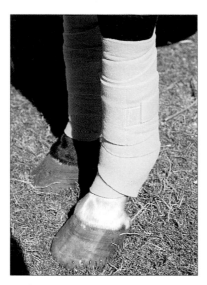

Las vendas deben usarse cuando el animal se ha dañado o para proporcionarle calor en las marchas.

Mantas y sudaderos

Se usan tanto en climas cálidos como fríos, a pesar de que el pelaje del caballo tenga el fin de protegerlo.

Las mantas de algodón se usan en países cálidos para proteger a los caballos del sol.

Las mantas a prueba de humedad suelen usarse cuando llueve o incluso, cuando no se les ha cortado el pelo, normalmente se les envuelve en una tela, aunque sólo sea una tela sudada después de las competiciones o entrenamientos.

Existen mantas y sudaderos de una gran cantidad de materiales, como son el algodón, la lana, o materiales sintéticos. La mayoría se ajustan al pecho, y con una cincha, o entre las dos patas traseras, por debajo de la cola o el estómago. Se puede tomar las medidas de un caballo para fabricarle su propia manta, pero no siempre es práctico ni barato, por lo que la mayoría de la gente suele comprarlas ya hechas. Cuando compre una manta asegúrese de que se ajuste cómodamente a su pecho, y sea lo suficientemente grande para mantener todo el cuerpo en calor. Las mantas de calle suelen ofrecer cobertura suficiente para que todo el cuerpo se mantenga seco y protegido del viento.

Las condiciones y el estilo de vida de su caballo determinarán sus necesidades. La raza también es un factor determinante, aunque no existen normas irrevocables. Considere todas las opciones; pero si no puede permitirse comprar unas sábanas muy caras, no tiene por qué cubrir a su caballo, pero si que deberá asegurarse de que su pelaje le mantiene protegido.

- *Mantas de día*. Suelen ser de lana o tejidas con algodón, y suelen usarse en las competiciones. Si sólo se ajustan en la parte frontal, deben asegurarse con una cincha. Las mantas de día, también conocidas como sábanas de verano, están hechas de algodón y se usan principalmente para proteger a los caballos que pasan mucho tiempo bajo el sol, particularmente los caballos de competición, que pueden perder color o pigmentarse. También pueden usarse en las marchas cuando hace mucho calor, para mantener limpios a los caballos, y protegidos del viento sin que pasen calor.

- *Sudaderos y mantas*. Están hechas con material absorbente, felpa o malla, y pueden usarse solas después del ejercicio para prevenir resfriados, o debajo de mantas más gruesas. Del mismo modo que las mantas de día, son muy útiles en las marchas.

- *Mantas de establo*. Pueden ser acolchados, y proporcionan calor al animal dentro del establo por la noche. Están hechos con lana o materiales sintéticos. Su grosor y su peso también varían. Independientemente de su peso o estilo, las mejores mantas deberían tener unas cerdas que absorbieran la humedad del cuerpo del animal. También deben ser fáciles de lavar y, preferiblemente, a máquina.

- *Las coberturas anti-humedad*. Se usan cuando se saca a los caballos en condiciones climáticas adversas, como es la lluvia o el frío. Suelen estar

Una manta-sudadero hecha de malla es perfecta para después del ejercicio o de la marcha.

Una manta y un mosquero a juego proporcionan protección contra el sol, y contra las moscas.

fabricadas con lona o nylon, y pueden llevar forro para proporcionar más calor. Los diseños buenos incorporan coberturas para el cuello y la cola para proporcionar una protección mayor. Es imprescindible una fijación correcta para que no se mueva de lugar cuando el caballo hace ejercicio y juega en los *paddocks*. Un diseño contemporáneo muy común es el originado en Nueva Zelanda y que consta de un forro interior de material muy cálido. Este diseño se ha copiado y extendido por todo el mundo, y tiene el apodo de «la manta de Nueva Zelanda». Incorpora correas para las patas delanteras, y lo que le ha hecho famoso es el hecho de que permite la estancia en el exterior a los caballos de pelaje cortado, independientemente de que llueva o haga viento.

Sea cual sea el tipo de manta o sábana que decida comprar, aprenda a colocarla sobre el caballo correctamente. La técnica descrita más abajo se enseña a todos los miembros de los Club de Ponies de todo el mundo. Facilita el manejo a una persona pequeña, y es perfecto cuando se trata con ponies y caballos jóvenes o nerviosos. Una vez haya establecido una buena relación con su caballo y esté seguro de que no se va a asustar al colocarle la manta, podrá prescindir de este procedimiento. No obstante, es aconsejable usar estas tácticas cuando esté tratando con un animal que no conoce.

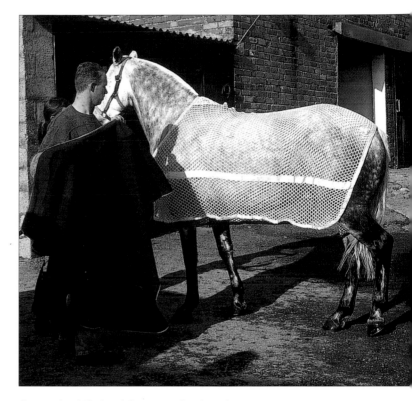

Después del ejercicio, una tela absorbente se coloca debajo de una manta hecha de un material grueso para mantener caliente al animal y prevenirle de resfriados.

Una manta sin forro y anti-humedad ayudará a mantener seco a su pony.

COLOCACIÓN DE UNA MANTA

1. Ate a su caballo o pony y cuelgue la manta de una valla, puerta o entrada a la cuadra.
2. Doble la manta por la mitad, de modo que la parte trasera de ésta cubra la parte delantera.
3. Coloque la manta sobre su caballo, con la parte delantera de la manta en la parte delantera del caballo.
4. Desdoble la parte posterior de la manta y extiéndala cubriendo la parte trasera del caballo.
5. Primero abroche las correas delanteras sin presionar demasiado, y ajuste las correas de la cincha.
6. Cruce las correas de las patas por debajo de la cola y entre las piernas delanteras, y abróchelas.

MATERIAL DE LIMPIEZA

Todos los propietarios de caballos deberían tener un buen equipo de cuidados y limpieza. Los utensilios son relativamente baratos e incluyen diferentes tipos de cepillos, peines y rasquetas para los cascos, que deberían poder transportarse fácilmente en una cómoda bolsa de viaje.

- *Cepillos de cuerpo.* Con cerdas finas y suaves que sirven para retirar el polvo y la piel escamosa del pelaje, la crin y la cola.
- *Cepillos dandy.* Con cerdas rígidas y alargadas que sirven para retirar el barro y el sudor seco del pelaje. Son duros, por lo que no deberían usarse en caballos y ponies esquilados.
- *Cepillos de agua.* Más pequeños y suaves que los dandy, y sirven para limpiar los pies, y cepillar la crin y la cola.
- *Brochas.* Sirven para aplicar aceite en los cascos.
- *Almohazas o rasquetas.* Fabricadas con metal, caucho y plástico. Las de metal sirven para limpiar los cepillos para el cuerpo y nunca deberían usarse con el animal. Los peines de plástico y caucho sirven para retirar barro y sudor, y cepillar el exceso de pelo en invierno, aunque no deberían usarse en la cabeza, cola o crin.
- *Peines y bruzas, de plástico y metal.* Suelen usarse para tirar de la crin y para trenzar crines y colas.
- *Limpiasudor.* Hechos de aluminio o plástico, con el borde de caucho, y usados para retirar el exceso de agua una vez se haya lavado al caballo.
- *Legra.* Con cuchillas curvas y de sierra, usadas para eliminar pequeños huevos de estro de las piernas y el cuerpo del animal. Colocados allí por tábanos, estos parásitos pueden causar aftas y desarrollar gusanos.
- *Gancho de cascos (a veces combinados con un pequeño cepillo).* Son indispensables para la limpieza de los pies del animal.
- *Esponjas.* Sirven para limpiar los ojos, el hocico, y las puntas de la cola. Mantenga las diferentes esponjas por separado para evitar posibles infecciones, particularmente en los ojos.
- *Paños, guantes y badanas.* A pesar de no ser esenciales, dan el toque final a la limpieza del pelaje.
- *Esquiladoras eléctricas.* Son necesarias si pretende cortar el pelo a su caballo usted mismo.

MATERIAL DE LIMPIEZA

almohazas o rasquetas

manopla

gomas

cepillo de agua

legra

cepillo de cuerpo

limpiasudor

vendaje para la cola

cepillo dandy

tijeras

gancho de cascos

bruzas y peines para la crin
(de plástico y metal)

esponja

brochas

escurreaguas

Un caballo bien cepillado con el pelaje brillante y la crin trenzada está listo para el espectáculo.

CEPILLADO Y LIMPIEZA

El cepillado es una parte esencial en el manejo de un establo e imprescindible para la salud y el buen aspecto de un caballo. Incluso los caballos que viven al aire libre necesitan una atención regular. Por ejemplo, el barro y el sudor secos pueden obstruir los poros, y también causar llagas con la cincha y la silla de montar. Un cepillado regular hará que el pelaje sea más brillante y mejorará el tono muscular.

Se deberán llevar a cabo una serie de tareas diarias, mientras que otras tareas adicionales, como enjabonar o trenzar, deberán llevarse a cabo sólo durante competiciones u ocasiones especiales. Además, la cola, orejas, y los pelos de los talones deberán cortarse de vez en cuando, cuando tengan mal aspecto o antes de un espectáculo. Puede optar por esquilarle una o dos veces al año.

El cepillado diario requiere retirar la mugre y la suciedad y limpiar las pezuñas. Cepillar el pelaje del animal no sólo le mantiene limpio, sino que ayuda a mantener la piel sana al estimular la circulación, y mantener al margen a ciertos parásitos externos, como los huevos de estro o las garrapatas, por ejemplo.

Los programas de cepillado varían, incluso para los caballos que están en un establo. Tiene mucho que ver con las condiciones climáticas de la zona, y del número de caballos de los que se tenga que encargar. Algunas personas prefieren cepillar a los caballos por la mañana, mientras que otras prefieren hacerlo por la noche, antes de darles de comer, así se mantienen limpios durante toda la noche. Del mismo modo, hay personas que prefieren empezar limpiando las pezuñas, mientras que otras prefieren hacerlo al final. Lo importante es seguir una rutina con la que se familiarice y se acostumbre el animal, teniendo en cuenta que se trata de un animal sensible que prospera cuando sigue una rutina regular.

Se podrá almohazar al caballo bien en el establo, bien en el campo al aire libre, aunque en ese caso deberá atarse. De cualquier modo, es importante mantener la calma y evitar movimientos bruscos. Hable con su caballo tranquilamente y tóquele para indicarle dónde se dispone a trabajar.

Generalmente, el cepillado comienza retirando la suciedad (barro o sudor) del cuerpo y la parte superior de las patas, y relajándolo con una almohaza de caucho, usando vigorosos movimientos circulares. Después, comience por la cabeza con el cepillo para el cuerpo, usando movimientos largos y firmes en dirección al crecimiento del pelo. Cepíllele la cabeza suavemente pero en profundidad, teniendo especial cuidado con los ojos, por debajo de la crin, la quijada, y dentro de las orejas. Sujete la almohaza de metal con la mano que tenga libre, usándola para ir limpiando el cepillo. Para desprender la suciedad y evitar que se obstruyan las cerdas de la almohaza,

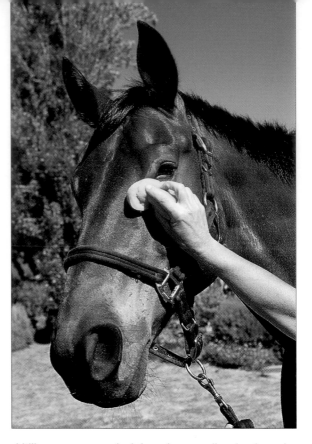

Utilice una esponja húmeda para limpiar los ojos a su caballo.

sacúdala contra el suelo de vez en cuando, lejos del lecho del animal y, preferiblemente, fuera del establo del animal, donde pueda limpiarse con facilidad posteriormente. Tenga especial cuidado al cepillar el estómago y la entrepierna del animal, ya que muchos caballos tienen cosquillas y pueden actuar de forma impredecible.

Tanto la cola como la crin requieren una atención especial, ya que un exceso de cepillado puede romperle el pelo con facilidad. Desate los nudos y enredos con los dedos y después use un cepillo para el cuerpo, con firmeza, de la raíz a las puntas, y teniendo en cuenta que la suciedad se acumula en la zona del cuello. Cepille la crin del mismo modo. Los cepillos para el cuerpo también pueden utilizarse para la cola, una vez se haya desenmarañado el pelo. Entonces deberá sujetar la cola con una mano, por la zona de la base, y cepillar desde la raíz. Existen sprays acondicionadores que previenen la formación de enredos y abrillantan el cabello.

También deberá limpiarle los ojos, boca y ollares a su caballo, con una esponja húmeda. Deberá usar una segunda esponja para limpiar la zona de piel donde comienza la cola. Incluso aunque esté seguro de que su caballo no le golpeará, quédese a un lado

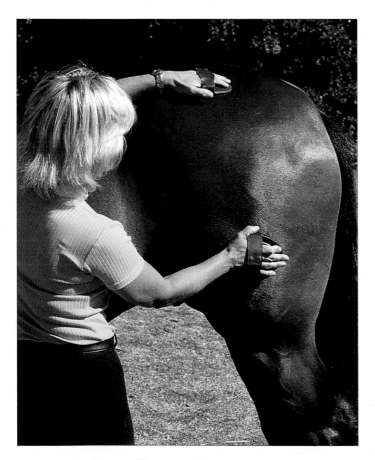

Las almohazas se utilizan para limpiar el sudor y la suciedad del pelaje del caballo, pero no se usan en cola y crin.

mientras haga esto. Para asegurarse de que las esponjas se guardan por separado, úselas de diferentes colores, y enjuáguelas frecuentemente.

Al menos una vez al mes deberá limpiar la piel del pene de los sementales y castrados para retirar posibles secreciones. Utilice guantes de caucho finos, agua tibia, y un jabón neutro.

En algún punto del proceso de limpieza, deberá limpiarle la suela de los cascos de su caballo. Utilice una rasqueta especial para retirar el barro y la suciedad, incluido los restos de excrementos y paja del lecho. No le llevará más que un par de minutos, y le dará la oportunidad de inspeccionar los pies y cerciorarse de que las herraduras están bien seguras. Utilice la rasqueta desde el talón hasta los dedos, retirando la suciedad con cuidado; después cepille cualquier resto de suciedad o arena.

De vez en cuando deberá ponerle aceite en los cascos (aunque existen diferentes opiniones en relación a este tema; *ver pág. 78*). Existen muchas marcas de aceite para los cascos, y deberán aplicarse con un pincel pequeño. Si los pies están sucios, deberá limpiarlos y secarlos antes de aplicarle el aceite.

Como rutina, los caballos que viven al aire libre necesitarán un cepillado rápido. El cepillado en exceso elimina las grasas naturales que proporcionan protección contra la humedad y el frío. Sin embargo, necesitarán una revisión regular de pies y cascos. También deberá limpiarles los ojos, ollares, hocico, la zona donde comienza la cola y, en el caso de los sementales y los castrados, cualquier posible secreción. Un caballo que viva en un campo de hierba y que compite regularmente necesitará un almohazamiento más completo y con mayor frecuencia. Utilice una buena manta de exterior para cubrirle y así compensar la pérdida de los aceites y grasas naturales de la piel del caballo.

División y cepillado

Se refiere al cepillado básico, y que suele llevarse a cabo por la mañana antes del ejercicio del caballo. No lleva mucho tiempo y se basa en un simple cepillado rápido para retirar la paja del establo, y el exceso de grasa y suciedad. También deberán limpiarse los pies y manos (o los cascos).

Y como a nadie le gusta montar un caballo sucio, también deberá darle un cepillado rápido con una almohaza de caucho o un cepillo dandy a los caballos que viven al aire libre, y así retirar el barro que puedan tener.

Ducha

Lavar a los caballos y a los ponies cuando hace calor, y en particular después de hacer ejercicio, es un ritual que mucha gente acaba adorando. El modo más sencillo de hacerlo es colocar al animal en un lugar especializado y así disponer de ambas manos libres. Puede tratarse de una nave interior completamente equipada plomada y con un tejado, o bien estructuras más simples erigidas al aire libre y cerca de un grifo.

Sólo será necesario enjabonar cuando el caballo está muy sucio o antes de un espectáculo. Comience por detrás de las orejas, y evite la cara. Aclárelo con una manguera, o si el clima es frío, con un cubo de agua caliente. Utilice el raspador de humedad para retirar el exceso de agua y acábelo de secar con toallas viejas.

Arriba. El enjabonado no debe llevarse a cabo diariamente.
Derecha. Limpiasudor.

Después de hacer ejercicio, debería lavarle a su caballo los cascos, patas y estómago, y así retirarle el barro. Si el clima es muy húmedo o frío, podrá limpiarle la suciedad más gruesa, envolverle las patas en vendas de lana durante la noche, y retirarle el barro seco de mañana. Limpie los cascos con agua caliente y un cepillo o un paño húmedo, pero asegúrese de que tiene los pies secos cuando lo vaya a guardar en el establo de noche.

A los caballos les encanta revolcarse después de los entrenamientos, y muchos buscarán un lugar con arena o barro para hacerlo después de haberlos lavado. Esto no supone un problema, siempre que se retire el barro cuando se almohace al caballo durante el día. Cuando lave a un caballo antes de un espectáculo, evite que se revuelque manteniéndolo encerrado en el establo hasta justo antes de salir.

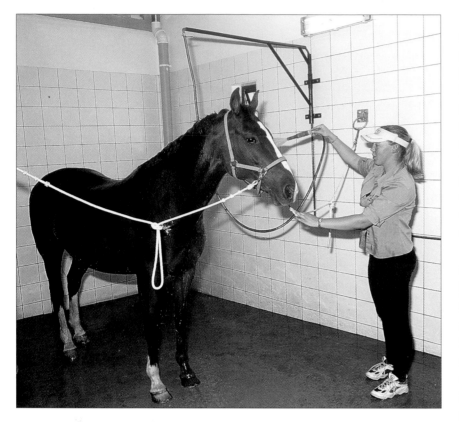

Arriba. *Un caballo está siendo duchado en una habitación de baño bien equipada.*

Abajo. *A los caballos les encanta revolcarse, incluso después de un baño.*

Cortar el pelo

Recortar el pelo de la cola, talones, mandíbula y orejas favorece a cualquier caballo, y no precisa de una equipación especializada, sino de unas simples tijeras bien afiladas. Recortar el pelo del tupé y de la cruz debería realizarse mínimamente, aunque suele ser una solución práctica cuando el pelo es demasiado corto para trenzarlo.

Aunque hay personas que cortan los pelos del hocico del animal, algunos de estos pelos son muy sensitivos y es mejor no tocarlos.

También se puede cortar las puntas del pelo de la cola, pero no lo haga con la cola en posición de descanso. En su lugar, pídale a alguien que le sujete la cola en la posición de movimiento. Si va a mostrar a su caballo, recuerde que una parte trasera larga puede acentuarse si recorta ligeramente la cola del animal.

Además, y para las ocasiones especiales, se podrá alisar y arreglar el pelo que no vaya a ser trenzado. Usando un peine para crines, comience por tirar de los pelos del interior de la cola, y después los de ambos lados. Hágalo con cantidades de pelo pequeñas. Enrósquelos en el peine y, entonces, de un tirón

La cola debe alzarse cuando se vaya a cortar el pelo.

seco y rápido. Esto puede hacerle daño al animal, por lo que deberá situarse a un lado para evitar que le propine una coz.

Se suele tirar de las crines para que el pelo sea más fino y acortarlas. También alisa el pelo y lo prepara para trenzarlo. Comience por separar el pelo de la cola, de modo que los más cortos queden arriba y los más largos abajo. Entonces enrosque en el peine algunos de los pelos más largos y tire con firmeza. Nunca tire de los pelos que se encuentran en la zona más alta de la cola, incluso si han quedado de punta después de trenzar.

Si su caballo no soporta este proceso, será preferible cortar el pelo de la cola y crin con unas tijeras y maquinillas.

Trenzado

Las crines pueden trenzarse para darle mejor aspecto a su caballo y dejar el cuello libre, particularmente en espectáculos y competiciones de doma. El modo de trenzar la crin de su caballo dependerá de la constitución del animal y del propósito por el cual se la está trenzando. Por ejemplo, a un caballo dedicado a las carreras de caza le favorecerán más unas trenzas gruesas que a un caballo de paseo de alquiler. Las trenzas de doma pueden ser de diferentes tamaños para mostrar la línea del cuello.

A un caballo con el músculo del cuello poco desarrollado le favorecerán más unas trenzas altas que se asienten en la parte superior del cuello, mientras que un caballo con un cuello grueso saldrá favorecido con unas trenzas finas que caigan. No hay una regla fija en el número de trenzas, pero la tradición marca que sea un número impar, además de las situadas en la parte superior. Recuerde que cuantas más trenzas lleve su caballo, más largo parecerá su cuello. Las trenzas falsas en la cruz del caballo también pueden dar la apariencia de un cuello más largo.

Aunque tradicionalmente se solían sujetar las trenzas con hilo para darles mayor seguridad, actualmente muchos jinetes usan gomas elásticas fabricadas especialmente para su uso en trenzas, generalmente del color del pelo del animal, bien sea marrón, blanco o negro. De cualquier modo, deberá dividir el pelo en tres secciones, las cuales deberá trenzar y después enrollar *(ver pág. 74)*. Aunque no es particularmente difícil, requiere práctica, y enrollar trenzas se ha convertido en un verdadero arte. El secreto está en dividir el pelo en partes iguales, de modo que las trenzas sean más o menos del mismo tamaño, y trenzar muy fuerte. Humedecer o aplicar gel en el pelo puede ser de gran ayuda. Una vez haya enrollado la trenza en forma circular, asegúrela con una cinta de caucho. Hay personas que con la práctica pueden trenzar y enrollar usando tan sólo una cinta para cada cosa.

Trenzar colas implica más práctica, paciencia y experiencia. Afortunadamente, los jinetes pueden prescindir del trenzado en la cola, sobre todo en clases de principiantes, pero será un toque final muy importante en un caballo de exposición.

Comience a trenzar con cantidades muy pequeñas de cabello, añadiendo de 8 a 10 pelos de cada lado de la cola una vez vaya avanzando, del mismo modo que la trenza francesa. Si el pelo de la parte superior de la cola es muy corto, podrá atar los pelos centrales juntos con una goma para arreglar la trenza. Cuando lleve alrededor de dos terceras partes del largo de la cola, deje de añadir pelo de los costados y complete la trenza con el pelo que tenga en las manos. Ate el extremo con una tira de caucho y después forme una espiral con el extremo suelto, y asegúrelo al resto de la trenza.

Si lo va a coser, utilice hilo grueso y duro, del mismo color que el caballo, y una aguja sin punta y con la hebra grande. Las agujas pueden ser peligrosas por lo que deberá actuar con cuidado.

CÓMO TRENZAR UNA COLA

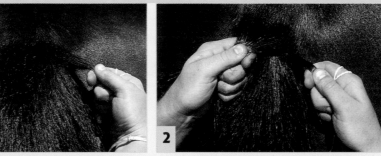

Separe tres mechones de pelo de ambos lados y del medio, y comience a trenzar. Vaya añadiendo más mechones de pelo de los lados a su progreso. Continúe hasta las 3/4 partes del musco y después siga trenzando de forma normal.

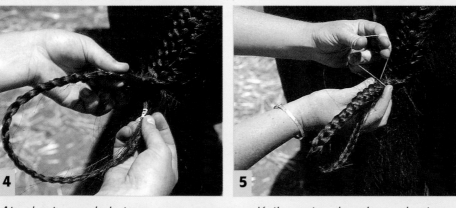

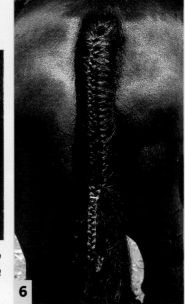

Ate el extremo de la trenza con una goma elástica antes de colocar el extremo hacia abajo para forma una espiral. Use una segunda goma para asegurar la trenza justo a la altura de la entrepierna.

El esquilado

Es habitual esquilar a los caballos durante el invierno, ya que de forma natural desarrollan un pelaje más grueso que les hace sudar cuando realizan ejercicio, y que tarda mucho en secarse cuando hace frío o hay humedad. Además, un pelaje corto es más fácil y rápido de almohazar, y le permite una ejercitación de mayor calidad. El pelo no debe cortarse en verano, ya que se muda de manera natural; incluso cortarle el pelo en primavera deteriorará el pelo en verano.

Aunque las esquiladoras eléctricas posibilitan que el mismo propietario de un pony o caballo le corte el pelo a su animal, no es fácil hacerlo adecuadamente. Las esquiladoras de buena calidad son caras, por lo que será más recomendable que contrate a una persona especializada para hacerlo.

Existen varios tipos de esquilados, dependiendo de la cantidad de ejercicio que realice el caballo y del clima en el que viva. Cualquiera de los cortes que elija, asegúrese de reponer el pelo que haya cortado con ropa especial para el caballo, en especial si éste vive al aire libre o sale durante el día.

- *Esquilado completo.* Significa que se retira todo el pelaje, y que puede tardar tiempo en volverle a crecer. Este tipo de corte es adecuado sólo para los caballos que viven a tiempo completo en establos, o para aquellos cuyo clima es templado.
- *Esquilado de caza.* Es muy común, y no sólo para los caballos que realicen mucho ejercicio físico. Se deja pelo en las patas y en la zona de la espalda donde más tarde irá colocada la silla de montar, así como en la cara. Algunas veces los caballos de caza reciben un corte completo a principios de invierno, y posteriormente, las patas y la zona de la silla se dejan para un segundo corte.
- *Esquilado de manta.* Se deja una zona con pelo en la parte superior de la espalda, como si se hubiera arrojado una sábana en el lomo del caballo. Se corta el pelo de todas las demás partes del caballo, exceptuando esta zona de la espalda, la cara y las patas. Le proporcionará protección, pero no le da un aspecto muy favorecedor. En los climas fríos necesitará cubrir el cuello de su caballo.
- *Esquilado de enganche.* Es habitual en caballos que realizan poca actividad física y que permanecen todo el tiempo en un establo, y también en los caballos que tiran de carruajes, ya que se corta el pelo de la zona más baja del cuello,

Esquilado completo, con una pequeña zona de pelaje en la zona de la silla.

Esquilado de manta.

Esquilado de enganche.

pecho, y estómago, hasta los hombros y cruzando la stifle (esencialmente a lo largo del trazo que dibujan los arreos). También se recorta el pelo de la zona de la cola, y de las nalgas, y se deja la zona trasera y las patas bien cubiertas de pelaje, de modo que dé la impresión de estar llevando una manta y unas calzas.
- *Esquilado de vientre.* Suele usarse en ponies y caballos que viven al aire libre. Se corta el pelo por debajo del vientre, entre las patas delanteras, y por encima del pecho y la garganta.

La estructura de cualquier corte puede dibujarse primero en la piel del animal con tiza para ayudarle a realizar el corte correctamente. Si se propone dejar pelaje en la zona de la silla de montar en un corte de caza, coloque un *numnah* con la forma deseada y dibuje la marca alrededor. Debería comenzar el corte desde el cuello y bajando por la grupa del caballo. Realice movimientos largos en dirección contraria al crecimiento del pelo, y mantenga la cabeza y las orejas del animal hacia arriba hasta que acabe de esquilar.

La cola y la crin nunca deberían cortarse, excepto en los casos que la cola está cortada, lo que significa que debe retirar todo el pelo de la crin. Es sólo por estética, pero en el caso de los ponies de polo, sirve para mantener la crin al margen. Si desea mantener la crin rapada, deberá repetir este procedimiento cada tres o cuatro semanas. Recuerde que una crin rapada tarda alrededor de dos años en volver a crecer del todo.

Este caballo, que suele usarse para jugar al polo, tiene una crin diestramente rapada.

TRENZAR Y ENTRESACAR UNA CRIN

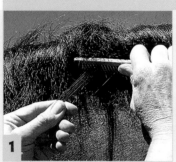

1 Sujete los extremos de los pelos más largos de la zona interior de la crin, y separe los más cortos hacia arriba con un peine.

2 Enrosque varios pelos en el peine y tire de ellos fuertemente con un movimiento rápido.

3 Divida la crin en varias coletas y átelas por separado con una pequeña goma elástica.

4 Retire las gomas antes de comenzar a hacer las trenzas. Asegúrese de que el pelo de la raíz está bien tensado, y que las trenzas que realiza también estén bien tensas.

5 Para las trenzas superiores, empiece trenzando a 3 cm de la raíz. Para mantener las trenzas mojadas, utilice gel o humedézcalas.

6 Asegure el extremo de cada trenza con una cinta. Apriete la cinta bien fuerte para asegurarse de que no vaya a caer.

7 Esconda el extremo de cada trenza en su interior antes de enrollarla. Ate la pelota con una cinta de caucho para asegurarla.

8 Una serie de trenzas pequeñas enrolladas a lo largo de la cresta de un caballo define la forma de su cuello.

PIES Y CASCOS

Recuerde el viejo dicho «sin pies no hay caballo». Los problemas de pies desembocan en cojera, y no se puede montar un caballo cojo. Por lo que es esencial para todos los propietarios de caballos conocer la estructura del pie de un caballo y darse cuenta si algo no va bien.

Las visitas regulares de un herrador son de vital importancia; incluso aunque su caballo no tenga herraduras, necesitará que le arreglen los cascos. Sin embargo, no puede confiar tan sólo en su herrador; también usted deberá preocuparse de los pies de su caballo y rasgarle los cascos al menos una vez al día para asegurarse de que sus pies sigan sanos. Compruebe si hay piedras, o si tiene alguna herida, perforaciones o rasguños. Además, compruebe si están agrietados o con aftas *(ver pág. 127)*. Actúe inmediatamente si algo no va bien.

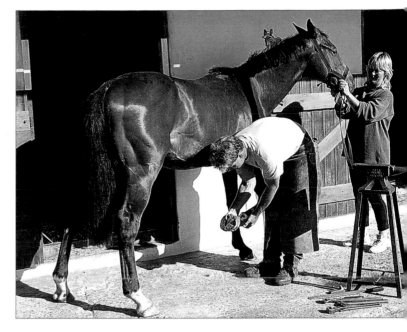

El herrador revisa los cascos del animal antes de comenzar a herrarlo.

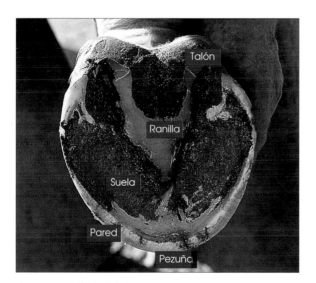

La parte inferior del casco.

El pie de un caballo consta de tres partes: la pared, la suela, y la ranilla. La pared tiene una especie de cuernos y no tiene sensibilidad, mientras que la ranilla y la suela comprenden tanto partes sensibles como con cuernos. El interior del pie contiene un tejido sensible y carnoso, además de sangre y terminaciones nerviosas.

Cuando el pie del caballo está en el suelo podemos ver la pared, que se extiende desde la corona hasta la parte superior del casco, del mismo modo

que crece una uña del pie desde la cutícula. El dedo (la parte más gruesa del muro, justo en frente del casco), los cuartos (a cada lado) y el talón (detrás) forman parte de la pared. La suela ligeramente cóncava debajo del pie proporciona protección, pero es fina y puede dañarse con piedras afiladas o suelo duro. La ranilla, de textura similar a la goma, es un tipo de absorbente natural o almohadilla antideslizante. Tiene una ranura en el centro, lo que proporciona mayor sujeción.

Cuando el caballo se mueve, independientemente de la velocidad o de cómo camine, el talón debería encontrarse antes que nada con el suelo, por lo que éste y la ranilla absorben la mayor parte del peso.

Los cascos, al igual que las uñas de los dedos, crecen continuamente; una pared nueva tarda alrededor de seis meses en crecer. Independientemente de que el caballo esté calzado o no, los cascos necesitan rasgarse regularmente, lo que prevendrá astillas y grietas.

Un casco astillado.

Herraduras

Los antiguos romanos fueron los primeros en herrar a sus caballos, y los principios básicos han cambiado muy poco. En la actualidad, los herradores profesionales requieren un aprendizaje de tres a cuatro años y deben aprobar un examen. Asegúrese de que contrata a un herrador cualificado ya que un mal calzado puede provocar daños e incluso desfiguración.

El calzado protege el pie del animal, particularmente cuando se monta al caballo en calles o suelo duro, y puede mejorar su agarre al suelo con el uso de tacos. También pueden usarse herraduras con propósito médico, en caso de daño o remedio contra una anomalía.

Deberá cambiar las herraduras cada 4-6 semanas, dependiendo del ejercicio que realice su caballo y de la dureza del suelo. Aprenderá a evaluar la situación cuando se ha salido una herradura, o cuando le ha crecido demasiado el pie al caballo. Revise los cierres para asegurarse de que la herradura no está torcida. Utilice la punta de un pujavante entre la herradura y el casco para comprobar que la herradura se ajusta perfectamente. Si no está suelta o deteriorada, pero le ha crecido el pie a su caballo, su herrador deberá cortarle las uñas y después recolocar las mismas herraduras. Si su caballo ha perdido una herradura, trate de encontrarla, sobre todo si ha sucedido recientemente.

Existen varios tipos de herraduras, desde las más finas hechas con aluminio que se usan en las carreras, hasta las herraduras más gruesas que usan los caballos más pesados. Su herrador le aconsejará sobre cuál es la talla y diseño más apropiado para su caballo.

El método tradicional de calentar las herraduras todavía se practica hoy en día por algunos herradores. Se trata de calentar el hierro y colocarlo en el pie del animal cuando todavía está caliente. Tradicionalmente este método es el preferido, aunque no siempre es práctico, a pesar de que existen forjas portátiles.

Las herraduras más modernas se hacen en fábricas y simplemente deben ajustarse en el pie del animal. También conocido como colocación de herraduras en frío, permite que el herrador trabaje en el mismo establo en lugar de tener que transportar al caballo a su lugar de trabajo. Se debe clavar la herradura a la parte de la pared que no tiene sensibilidad con clavos especialmente diseñados con este fin.

COLOCACIÓN DE HERRADURAS EN FRÍO

El herrador examina el pie del animal antes de comenzar a trabajar. Este caballo joven nunca ha llevado herraduras.

Antes de colocar las herraduras, deberán lavarse los pies del animal, por lo que el herrador raspa todo el barro y la suciedad del pie usando un pujavante.

Después debe limpiar la ranilla y cortar cualquier imperfección de la suela. Después usará una escofina e igualar toda la superficie.

Una vez ha elegido la herradura con el peso, talla y forma adecuadas para los ejercicios que realiza el caballo, la clava al pie.

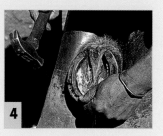

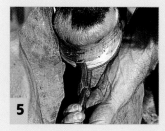

Los extremos de los clavos se giran y se desenroscan para formar remaches. Posteriormente se usará un raspador para alisar los extremos.

1. *Cuando se utiliza el método en caliente, la herradura está fabricada de la medida del pie del caballo. Mientras que el herrador raspa y corta las imperfecciones de los cascos del caballo, las herraduras se calientan en una pequeña forja portátil.*

2. *El herrador coloca la herradura ardiendo en la base del pie del caballo. La marca que deja el metal indica dónde hacen contacto el pie y la herradura, mostrándole dónde deberá alterar a forma de la herradura o qué parte del pie deberá raspar posteriormente.*

3. *El herrador da forma a las herraduras calientes en un yunque portátil para asegurarse de esta forma de que se ajustarán a los pies del caballo.*

4. *A pesar de que la herradura está ardiendo cuando se coloca en el pie del caballo, ésta no le causa ningún dolor.*

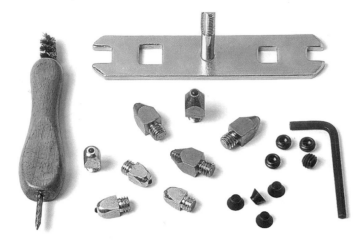

Los utensilios de un juego de tacos incluyen dos tipos distintos de tacos, traviesas y herramientas para insertar y retirar los tacos y limpiar los agujeros.

Los extremos que sobresalen de la pared se deben girar y doblarse hacia debajo de manera que formen remaches, y después se alisará con un raspador. Muchos herradores aconsejan usar herraduras con enganches a los dedos para que se mantengan en su lugar con mayor seguridad.

Si participa en competiciones de campo a través o monta en suelo deslizante, es aconsejable el uso de tacos. Su herrador deberá agujerear las herraduras para colocar los tacos. Normalmente deberá preguntárselo antes, y también si los quiere en todas las herraduras o tan sólo en las posteriores, como dicta la normativa. Le ayudará a decidir qué es lo mejor para usted y para su caballo. Los juegos de tacos incluyen una gran variedad de tacos distintos: pequeños, grandes, gruesos o puntiagudos, además de todos los instrumentos necesarios para colocarlos y sacarlos. También los venden por separado. Nunca deje los tacos en las herraduras una vez haya competido, y aunque tenga

El alquitrán se aplica en la suela del pie.

que cambiar pronto las herraduras de su caballo, siempre tape los agujeros con tela engrasada o con traviesas para prevenir que entre arena o suciedad.

Una vez se haya calzado al animal, el herrador le pedirá que salga de trote con su caballo para asegurarse de que está nivelado y no le duele ni cojea. Corra con su caballo con unas riendas largas. Si no está equilibrado, el herrador rectificará el problema inmediatamente.

Las herraduras que no van a usarse más de un mes pueden retirarse para que los cascos puedan crecer de forma natural sin ningún tipo de interferencia. Normalmente, su herrador retirará las herraduras, a no ser que haya una emergencia y la herradura se haya torcido o se haya soltado de manera peligrosa y pueda dañar el pie de su animal. Pídale que le muestre cómo retirar la herradura de forma correcta. Debería salir fácilmente una vez se hayan soltado o cortado los remaches. Nunca deberá arrancarlas, incluso aunque estén sueltas..

Aceites y grasas

Se trata de un tema altamente discutido. Mucha gente recomienda aplicar aceite a los cascos quebradizos diariamente con una marca de aceite específica, mientras que otras personas opinan que estos aceites sólo crean una película de grasa que atrae a la suciedad. Aunque mucha gente prefiere la vieja mezcla de aceite para cascos con alquitrán de Stockholmo, lo más habitual son los preparados por los propietarios, aplicados según las instrucciones del fabricante.

Los aceites se aplican sobre la superficie de la pared del casco. El alquitrán de Stockholmo, usado con éxito para el tratamiento de llagas y otras patologías, y para mantener los cascos secos, debe aplicarse en la suela del pie, en particular en la grieta de la ranilla.

Un buen consejo es mantener los cascos secos cuando el clima es húmedo, y evitar que se sequen del todo cuando el clima es cálido.

Es esencial que haga trotar a su caballo después de la colocación de las herraduras para verificar que están niveladas y son seguras.

EJERCICIOS Y PUESTA EN FORMA

Todos los caballos necesitan realizar ejercicio regularmente para mantenerse sanos y en forma. Los caballos que viven en el campo tienen mucho espacio para galopar y gastar la energía acumulada. Los caballos retenidos en establos o en *paddocks* cerrados necesitan ser montados y ejercitados regularmente. Si su caballo vive en un campo, y hay suficiente espacio, tendrá la libertad de correr y hacer todo el ejercicio que le plazca, pero esto no significa que está en forma para el trabajo que se le requiere.

Montar e instruir a un caballo contribuyen a su puesta en forma, pero el programa a seguir depende-

Arriba a la izquierda. Un caballo es ejercitado en una pista.
Arriba. Montar es divertido tanto para el jinete como para el caballo, y mantiene a ambos en forma y sanos.
Abajo. El ejercicio regular es necesario.

Los caballos de completo deben estar en plena forma.

rá del tiempo del que disponga, así como del trabajo que quiera hacer con su caballo. Por ejemplo, si pretende competir en la disciplina de completo, su caballo deberá estar más preparado que uno que sólo vaya a salir a pasear los fines de semana. Los caballos de doma deben estar fuertes y musculosos, por lo que se deberá concentrar en conseguirlo. Cuando está entrenando a un caballo para competiciones de salto, no se sienta tentado a practicar demasiado en casa. En su lugar concéntrese en carreras sin obstáculos, ir al paso, trote y galope medio, y en practicar todo lo que haya aprendido en las clases de equitación.

Recuerde que cuanto más monte a su caballo, más en forma estarán ambos. Sin embargo, a no ser que se esté preparando para carreras de resistencia, eso no significa que deba montar durante mucho tiempo o que deba hacerlo cada día. La mayoría de instructores le asistirán en la creación de un plan de

LA PUESTA EN FORMA DE SU CABALLO

Si su caballo está en baja condición física, tardará de 6 a 8 semanas en conseguir estar en forma de nuevo. Un caballo que ha estado parado un período de tres o cuatro meses tardará aproximadamente el mismo tiempo en volver a ponerse en forma. Recuerde que su caballo es un atleta y que necesitará fuerza muscular para ir mejorando día a día. No precipite nunca un programa de entrenamiento: dele un día libre a la semana a su caballo.

1. Comience con un paseo de 15 a 30 minutos, aumentándolo gradualmente hasta que el paseo sea de una hora. Esto le puede llevar hasta tres semanas, o incluso meses si el caballo ha estado en reposo una temporada debido a una torcedura o una lesión de tendón. Los caballos se recuperan mucho antes de que el tejido dañado se haya recuperado lo suficiente como para seguir con los ejercicios de entrenamiento habituales.

2. Introduzca períodos cortos de trote para empezar a desarrollar el tono muscular. Combínelo con períodos de paseo más rápido, particularmente en subidas. El trote en una superficie dura puede ser beneficioso, pero no se exceda. Continúe así durante unas seis semanas, aumentando el tiempo de trote hasta las dos horas como mucho. En caso de lesión en un tendón o un ligamento, la fase de trote no debería comenzar tan pronto y debería durar al menos dos o tres meses, y no más de 30 minutos por sesión. De manera eventual, introduzca el galope medio en una superficie plana.

3. Ahora puede empezar con una instrucción seria, e introducir saltos si así lo desea. Aumente el trabajo de subidas y de galope medio una o dos veces por semana. Empiece siempre con un paseo de unos 15 minutos, y entonces trote durante un rato antes de comenzar con el galope medio. Acabe con un paseo suave, sin tirar de las riendas.

trabajo para su caballo, que incluirá ejercicio regular, instrucción y montar.

Si su caballo ha estado un tiempo parado debido a una enfermedad o una lesión, es esencial que le introduzca de nuevo en la rutina de trabajo pero sólo de forma gradual.

El manejo de su caballo

Los caballos tienen un físico fuerte, por lo que deben ser manejados correctamente. Si es usted un jinete sin experiencia, compre un caballo domado, familiarizado con los humanos, y que esté acostumbrado a ser montado. No obstante sea consciente de que puede haber tenido malas experiencias en un pasado que usted desconoce, y que puede desembocar en un comportamiento problemático. Aunque raramente un caballo es agresivo, pueden asustarse con facilidad. Los movimientos bruscos y los ruidos altos pueden aterrorizar hasta al caballo mejor educado y causarle verdadero pánico. Enfrentados a una situación que les recuerde a una vivencia peligrosa, pueden reaccionar también de una forma impredecible.

Recuerde que el instinto inherente de cada caballo es huir: en lugar de quedarse en el lugar y luchar, huirá tan rápido de la zona de peligro como le sea posible. Como resultado, debería aprender todo lo que le sea posible sobre el comportamiento de los caballos y tomar las precauciones apropiadas cuando esté con ellos. Son animales gregarios y prosperan cuando están en compañía de los suyos. También son animales de hábitos. Si su caballo sigue una rutina y tiene, al menos, un compañero de establo

EL ACERCAMIENTO ADECUADO

Siempre deberá acercarse y tratar con los caballos de una forma confidencial, lenta y tranquila. Hable firme y agradablemente y nunca grite o actúe de forma agresiva, aunque se sienta frustrado o furioso. La amabilidad y la paciencia ayudarán a que su caballo desarrolle buenas cualidades; un manejo sin sensibilidad consigue totalmente lo contrario.

Cuando entre en el establo, use su voz para que el caballo se cerciore de su presencia, y acérquele la mano para que pueda olerle. Acaríciele firmemente por la zona del cuello y hombros, sin temer nada, y evite mirarle directamente a los ojos. La mayoría de los caballos moverán la nariz sobre su mano una vez se estén familiarizando con su aroma. Son unos animales muy curiosos, y no suelen dar la espalda a no ser que estén asustados o furiosos por algún motivo. Si lo hacen, apártese de su camino ya que esto puede seguir de una coz.

Cuando se acerque a su caballo en un *paddock*, muévase desde la parte frontal hasta los hombros

desde un costado y háblele antes de tocarle, del mismo modo que en el establo. Generalmente, no debería permanecer directamente en frente o detrás de un caballo, en especial si no conoce su comportamiento.

Es costumbre acercarse, dirigir, montar y bajar de un caballo desde uno de sus lados, esto es, su lado izquierdo.

Cuando lo esté almohazando, siempre deberá empezar por acariciar al animal para darle confianza, y mantener el contacto hasta que empiece a cepillarlo. Cuando le esté raspando los pies, recorra con su mano el cuerpo y las piernas del animal antes de tratar de levantarle los pies. Cuando le levante la pata delantera, permanezca bien cerca de él y justo enfrente de los cuartos traseros. Si el caballo no levanta el pie, apóyese en su hombro y ponga todo su peso en la otra pierna. Normalmente es de gran ayuda utilizar la voz: diga «arriba» o «pie» y presiónele el tobillo. También ayuda hacer presión con su codo detrás de la rodilla del animal. Asegúrese de que el casco está justo debajo de sus dedos.

Cuando levante la pata trasera, póngase de cara al trasero del animal y aproxímese bien a sus caderas. Apóyese en el muslo del animal mientras tira de su pie hacia arriba, con su mano alrededor de la pared del casco del caballo. Tenga cuidado de no levantar demasiado el pie ya que puede provocar una pérdida de equilibrio en el animal y, en consecuencia, que le propine una coz.

CONDUCCIÓN

Es común dirigir a un caballo desde su lado izquierdo, especialmente si no lo conoce. Sin embargo, su caballo debe estar acostumbrado a que lo dirijan desde ambos lados, ya que hay situaciones en la que es más seguro hacerlo desde la derecha. Por ejemplo, como es normal que lleve o monte a su caballo en la misma dirección del tráfico, si vive en un país donde se conduce por la izquierda, necesitará saber dirigirlo por el lado derecho de modo que usted se encuentre entre su caballo y los coches. Si está conduciendo a un caballo por la calle, utilice una brida

SISTEMAS SENSORIALES DE SU CABALLO

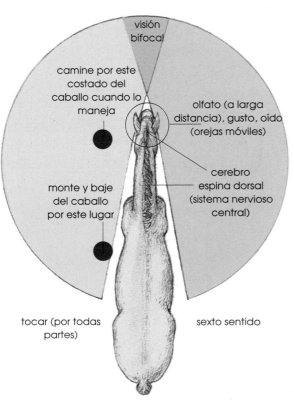

visión bifocal

camine por este costado del caballo cuando lo maneja

olfato (a larga distancia), gusto, oído (orejas móviles)

monte y baje del caballo por este lugar

cerebro espina dorsal (sistema nervioso central)

tocar (por todas partes)

sexto sentido

Arriba. Un caballo obediente puede manejarse fácilmente.

Abajo. Tenga mucho cuidado cuando circule por vías públicas.

en lugar de una cabezada para tenerlo más sometido y tener más control sobre él.

Cuando esté dirigiendo a un caballo con una cabezada, enganche un trozo de tela o una rienda principal a la cabezada y agárrelo con firmeza, a alrededor de 50 cm de la cabezada, con el extremo libre en su otra mano. Nunca enrolle la rienda principal en su mano: si el caballo se alza o se espanta, podría arrancarle los dedos.

Un caballo adiestrado caminará a su lado, a menudo sin ni siquiera tener que pedírselo. Si no lo hace, no tire ni empuje de él, sino que pídale a alguien que se coloque a su otro lado, detrás de él, o use un látigo de doma para golpearle ligeramente en la ijada. Puede asustarse, por lo que deberá estar preparado para cualquier reacción. Cuando tenga que girar, permanezca en el lado exterior del giro. Asegúrese siempre que está a la altura de su hombro.

Sobre todo, deberá tomar nota de todo lo que sucede a su alrededor. Los coches, otros caballos, o los ruidos muy altos pueden provocar que el caballo se asuste. Y también existen muchas cosas a las que no le prestamos atención o ni siquiera notamos y que pueden resultar terroríficas incluso al caballo más valiente, como es el caso de las bolsas de plástico,

toneles, conos de carreteras de colores brillantes, y cualquier despojo que pueda estar tirado en la calle.

Dirigir a un caballo en una clase de doma requiere un poco más de práctica, pero el procedimiento viene a ser el mismo. Si el caballo lleva una brida, permanezca a su lado y eleve las riendas por encima de la cabeza del animal.

Use su mano derecha para sujetar las riendas con firmeza cerca de la cabeza del animal, situando entre ellas uno de sus dedos. Sujete el extremo de la hebilla con la otra mano. Nunca enrolle su brazo en las riendas ya que podría ser arrastrado si el caballo se asusta y huye.

Si necesita conducir a un caballo cuando está siendo montado, lleve al caballo a su izquierda y sujete las riendas con la mano izquierda, a media altura y con un dedo entre las dos riendas. Mantenga su mano tan cerca de su rodilla como le sea posible. Si el caballo se muestra agitado o fogoso deberá acortar la rienda.

Bien vaya a pie o esté montando al caballo que trata de dirigir y que disponga de silla y brida, asegúrese de que los estribos estén bien sujetos. Preferiblemente, debería usar un surcingle amarrado a la silla para asegurar las solapas de la silla y que ésta no vaya a caer. Por seguridad, retire las martingalas tijerillas de las riendas y asegúrelas con una correa al cuello.

RAMALES O AMARRES

Hay veces que un caballo o un pony debe atarse, por ejemplo cuando se le va a lavar, cortarle el pelo, o examinarse por un veterinario. Asegúrese que lo ata en un lugar seguro. Use siempre un nudo fácil y que pueda desatarse con un solo tirón, para que en el caso de que se asuste y trate de huir usted pueda soltarlo al instante. Es posible que suceda, por lo que es importante que todos los establos sean seguros y tengan una valla o un muro de seguridad. Existen ciertos tipos de cuerdas especialmente diseñadas para soltar-

Un nudo fácil de desatar.

se si se sucede un movimiento violento o repentino, y que ayudan a minimizar el riesgo de que un caballo o el que lo guía salgan dañados.

Algunas personas atan a sus caballos en las muestras de caballos. Pronto descubrirá si su caballo tiene el temperamento para permanecer quieto y relajado. Y aunque lo tenga, deberá procurar que haya alguien con él en todo momento. Puede compartir esta tarea con cualquier otro propietario, estableciendo turnos para que siempre esté uno de los dos vigilando a ambos caballos. Pueden ocurrir accidentes espantosos si un caballo huye atemorizado. Suele ocurrir siempre que se asustan, ya que su reacción innata ante estas situaciones es huir.

Nunca ate a su caballo a una red de heno: si consigue soltarse y corre, podría tropezarse con la red y hacerse daño. Además, nunca debe dejar atado a su caballo solo por mucho tiempo.

Tampoco se recomienda atar a un caballo o pony con una cuerda demasiado larga mientras se le almohaza. Si tiene que atarlo por algún motivo, por ejemplo, para impedir que un pony joven se le escape, asegúrese de que hay refugio y agua suficiente a su alcance, y utilice una cuerda que pueda romperse con facilidad. Aunque esto es sólo una solución temporal. Nunca deje a un pony atado durante mucho tiempo; vigílelo con frecuencia ya que es muy fácil que pueda quedar enredado en árboles y otros obstáculos.

EL COMPORTAMIENTO DEL CABALLO

Puede aprender mucho sobre los caballos a través de sus expresiones faciales y el lenguaje de su cuerpo, así como de los sonidos que emiten. Responden a los olores, sonidos, y sensaciones, así como a lo que ven. Si se familiariza con las respuestas más comunes de un caballo y lo relaciona con lo que puede ver en su propio caballo o pony, pronto llegará a conocerle y a reconocer sus señales.

Lenguaje corporal

Podemos aprender mucho sobre los caballos a partir de su lenguaje corporal. Probablemente, las orejas son las que más relatan, diciéndole cuándo su caballo está contento, aburrido, triste o furioso. Un caballo alegre y contento tendrá las dos orejas apuntando hacia arriba y hacia allí donde le sorprenda. Mientras esté montando, una oreja podrá girarse hacia atrás de modo que

Este caballo indica agresividad al agachar sus orejas contra la cabeza.

pueda escuchar su voz. Sin embargo, un caballo relajado tendrá las orejas colgando hacia abajo. Y si no se levantan cuando se le llama la atención, puede estar enfermo. Cuando un caballo agacha las orejas contra su cabeza, suele estar furioso o asustado.

La cola también suele indicar el estado de ánimo de un caballo. Una cola hacia abajo y totalmente llana contra las nalgas indica miedo, enfado o animadversión, mientras que una cola ligeramente arqueada que se menea suavemente para espantar a las moscas nos muestra que el caballo está relajado y contento. Un movimiento muy rápido de la cola indica antipatía o enfado. Un caballo excitado suele galopar con la cola levantada, y los caballos arábigos o con sangre árabe suelen arquear la cola hacia atrás y sobre los cuartos traseros cuando están excitados.

Los ojos de los caballos indican su estado de ánimo y sus sentimientos de una forma increíblemente expresiva. Unos ojos calmados muestran alegría, mientras que unos ojos bien abiertos suelen indicar nerviosismo o miedo. Y como tienen los ojos a los lados de la cabeza, su visión abarca mucho más terreno que la del hombre. Sin embargo, un caballo no puede ver directamente hacia detrás y se girará si se le

Derecha. *El* flehmen *resulta una expresión cómica.*

acercan mucho; una de las razones por las que se debe acercar a un caballo por el costado.

Los caballos tienen un sentido del olfato muy desarrollado, y lo usan para elegir la comida y reconocer a otros caballos. Cuando tienen las palas de la nariz acampanadas, suele ser una muestra de nerviosismo o enfado. Una nariz arrugada puede indicar malestar o irritación. A veces también fruncen los labios y levantan la cabeza formando una expresión ciertamente cómica conocida como «flehmen» (término alemán). De hecho, lo que están haciendo es usar el órgano Jacobsen que se encuentra en la parte posterior de la nariz para examinar un olor interesante, poco habitual, o desagradable. Al fruncir el labio superior, el caballo puede cerrar los ollares y atrapar el aire que ha inspirado. Los sementales suele hacer esto cuando olfatean a una yegua en la época de apareamiento.

El porte de la cabeza es otro factor que indica el estado de ánimo o condición del caballo. Por ejemplo, si le cuelga o la tiene levantada de una forma no natural, puede indicar que el caballo está enfermo o incómodo. Cuando está erguida, el peso se debe apoyar en las cuatro patas, aunque suele dejar descansar una de las piernas traseras. Si lo hace con una de las delanteras, puede ser señal de dolor.

Emiten una gran variedad de relinches distintos, desde ronquidos hasta chillidos, algunos de los cuales indicarán placer, y otros apatía. Y aunque no podemos averiguar el significado de cada sonido, un caballo suele emitir sonidos para comunicarse con otros caballos. Muchos emiten una especie de ronroneo cuando se les hace una visita al establo o se les lleva comida, indicando aparentemente su gratitud. Algunos caballos parecen gruñir cuando hacen ejercicio, ya sea por el esfuerzo o como una expresión de intención de agradar.

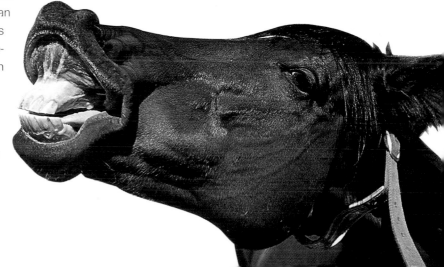

A los caballos les encanta rodar por el suelo. Para ellos es la forma natural de almohazarse. Pronto notará cuándo se disponen a rodar, ya que se inquietan y miran hacia abajo y piafan la zona elegida. También pueden parecer intranquilos. Una vez ha rodado, se dará una buena sacudida. Si no lo hace o no se levanta, puede ser que se trate de un cólico *(ver pág. 119)*. Nunca permita rodar a un caballo con una silla; podría dañar el árbol.

Vicios de cuadra

Un comportamiento tal como morder madera, tragar aire o balancearse puede ser causado frecuentemente por pena o aburrimiento, o por estar permanentemente encerrado en un establo. También puede haberse copiado de otro caballo. Si nota que su caballo está desarrollando alguno de estos hábitos, tome medidas para rectificar el problema antes de que el vicio se establezca. Si le permite repetir dicho hábito, se establecerá cada vez más; sin embargo, si puede evitar que lo haga, la mayoría de los caballos lo olvidarán.

Si compra un caballo que ya tiene algún tipo de vicio o manía, debe ser a un entrenamiento o manejo incorrecto. Cualquier caballo que esté siempre solo, se aburrirá y desarrollará fácilmente malos hábitos. Aunque no siempre es así, tenga cuidado.

- *Morder madera.* Cuando un caballo mordisquea alguna madera en el establo o en el *paddock*, puede desembocar en que absorba el aire. Y aunque está normalmente atribuido al aburrimiento, también puede ser causa de ansiedad o simplemente debido al olor y sabor de alguna madera. Deberá hacer todo lo que esté en sus manos para evitar que el caballo siga haciéndolo. A veces, cubrir temporalmente esta madera con una sábana, y colocar cerca una red con heno será la solución. Sino, podrá pintar la madera con pintura suave y no tóxica recomendada por su veterinario. También podrá cubrir las ranuras de la madera con metal, pero es una opción cara y no es práctica en el caso de *paddocks*. Los caballos se mantendrán bien de salud si están contentos y ejercitados, y si además tienen la compañía de otros caballos será menos probable que desarrollen este hábito.

- *Balanceo.* Normalmente afecta a los caballos más nerviosos. Permanecen junto a la puerta de su box

Incluso un collar especial no impide que este caballo absorba el aire.

Una placa de metal en la puerta evita que el caballo mordisquee la madera.

Una estructura especial prevendrá que el caballo se balancee.

o establo y se tambalean de un lado a otro, moviendo su peso de una pierna delantera a la otra. Del mismo modo que el morder madera o la absorción de aire, suele ser causado por aburrimiento y por falta de suficiente ejercicio. Una vez se ha formado el hábito, es difícil eliminarlo, incluso con mucho trabajo diario. Puede convertirse en una enfermedad ya que los pies y patas se le inflaman. Se trata de un hábito que suele ser imitado por otros caballos, por lo que deberá actuar de manera inmediata. Se puede instalar una estructura en la puerta del establo que le permita mirar hacia fuera pero no moverse de un lado a otro. Como alternativa, permita a su caballo vivir al aire libre durante una temporada si es posible; raramente se balanceará de ese modo en un entorno natural.

- *Golpear, cocear, y patear. Suele reflejar un mal cuidado.* Un manejo audaz y confidente ayudará a superar el problema. A veces, los caballos pueden golpear la puerta del establo cuando es la hora de comer porque tienen hambre o están impacientes, o porque quieren salir. Intente evitarlo dándole de comer a su hora o sacándole del establo. Un consejo es cerrar la parte superior de la puerta del establo tan pronto como empiece a darle porrazos. Esto puede enseñarle a que golpear la puerta no le va a premiar. Más fácil de controlar es el caballo que se gira dándole la espalda cuando le ve aparecer por el establo, amenazándole con una coz. Como puede resultar algo muy peligroso, necesitará la ayuda de un experto. En confidencia, una persona experta rectificará fácilmente este problema.

Izquierda. *Collar antiabsorción de aire.*

Abajo. *Un caballo dando coces en un* paddock.

- *Tragar aire:* Es más difícil de curar que de prevenir, por lo que debe evitar comprar un caballo que mordisquee la madera con los incisivos y luego aspire el aire.

  Afecta a su digestión y dificulta mantener al caballo con una buena salud. Unos collares especiales hechos con cuero o metal, o una combinación de ambos, evitan que el caballo arquee el cuello y, dado que le presionan la tráquea, hacen que deje de tragarse el aire. Sin embargo, no evitan que

coma y beba con normalidad, así que pueden llevarlo a todas horas, menos cuando está siendo ejercitado.

- *Morder.* Es más habitual en sementales y potros jóvenes que en los caballos que se venden por primera vez. Algunos entrenadores creen que los caballos muerden por miedo, por lo que en vez de una disciplina severa, le acarician el hocico para distraer su atención, hablándoles pacíficamente mientras tanto, e incluso soplándoles suavemente dentro de la nariz. Cualquiera que sea su modo de actuar, es importante hacerlo inmediatamente: el caballo necesita asociar directamente cualquier tipo de castigo con el «crimen» cometido.

- *Comerse la cama y los excrementos.* Suele tener relación con la dieta del caballo y no suele ocurrir

con las camas de paja. Asegúrese de que su dieta es variada, y de que hay suficiente fibra y sal en ella, y mantenga el establo limpio. Si debe usar paja, eche desinfectante en la cama para evitar que su caballo se lo coma. También puede ayudar echar material nuevo de cama junto con el ya existente. Asegúrese de que siempre haya una red de heno disponible con heno fresco, paja, alfalfa, y ofrézcale también un poco de sal.

- *Ponerse de manos.* No está relacionado con la educación del caballo, y suele ser difícil de tratar. Un remedio de viejas recomienda romper un huevo en la cabeza del caballo que esté a punto de alzarse. Sin embargo, cuando nos enfrentamos a este tipo de comportamiento, pocos jinetes optarán por esa opción. El mejor consejo es ponerse en contacto con personas expertas en tratar este problema. Permita que una persona en la que confíe se haga cargo de la situación y le ayude a tratar con el problema. A menudo un buen manejo del caballo, especialmente alguien de manos ligeras y piernas fuertes, le ayudarán a acabar con este hábito.

Izquierda. *Un caballo que se alza es difícil de manejar, y necesitará la ayuda de un experto.*

Abajo. *Un pony mordisquea a un caballo por encima de la valla.*

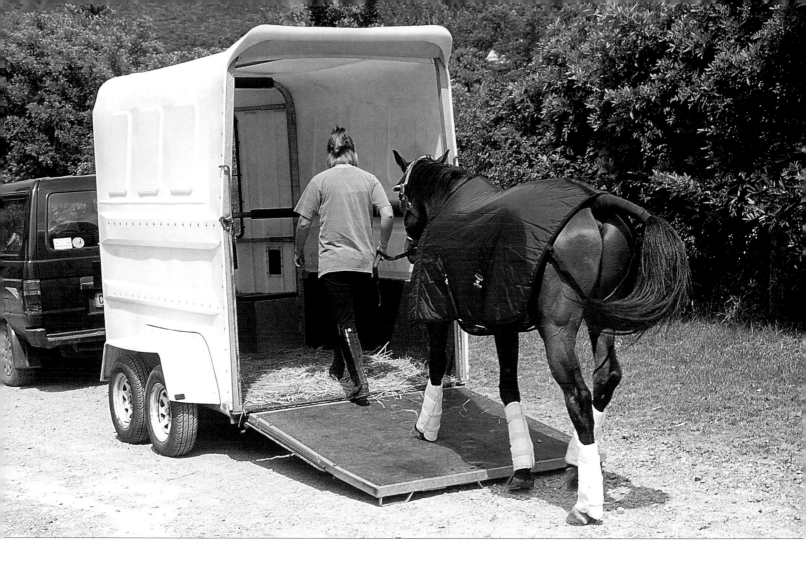

TRANSPORTE

Transportar un caballo requiere cuidado y experiencia. Es una tarea muy exacta que necesita ser llevada a cabo adecuadamente y con responsabilidad. Puede decidir si prefiere alquilar un servicio de transporte de caballos, que le proporcionará además un conductor con experiencia, pero si decide transportarlo por usted mismo, debe tener cuidado con los peligros de conducir muy rápido, y practicar antes con un remolque vacío. Aunque los accidentes siempre suceden, el mejor consejo es estar preparado y tener cuidado.

Es posible que nunca tenga que transportar un caballo, pero la realidad es que muchos caballos y ponies han viajado en un remolque especial alguna vez en su vida, y muchos de ellos lo hacen con frecuencia. Por ejemplo, su caballo debe transportarse del lugar donde vivía con los antiguos propietarios hasta el establo donde lo guarda usted. Los jinetes de competición, así como los de caza o participantes en concursos de resistencia, campo a través, polo, polocross, etc., necesitan sus monturas

Arriba. *Un caballo bien adiestrado entrará sin problemas en el remolque o van.*

en los lugares donde se celebran estas competiciones. Incluso aunque sólo monte como hobby, es posible que quiera un cambio de escenario de vez en cuando, tal vez una playa. O también, es posible que su caballo necesite ser transportado a un hospital veterinario si sufre alguna lesión o está enfermo.

Los ponies y los caballos que se importan o exportan viajan por aire y mar. Y aunque las condiciones son distintas, la preparación y el cuidado durante el viaje deberían ser los mismos que si viajan por carretera, que es, ciertamente, la forma más común de viajar. O bien usted puede utilizar un remolque, o puede optar por un medio más grande llamado *box* para caballos (también llamado camión o semirremolque, dependiendo de dónde viva).

Necesitará, además, un equipo de viaje adecuado que debe incluir: una cabezada, protectores de viaje, un atacolas, y la posibilidad de una para la frente. También puede necesitar una manta para el caballo, así como agua y comida si el viaje es muy largo.

REMOLQUES Y CAMIONES

Los remolques y los camiones están fabricados específicamente para ser remolcados por un vehículo doméstico. Pueden ser desde para un caballo hasta para tres, aunque existen algunos más grandes que deberán ser remolcados, por lo tanto, por vehículos más potentes. Los más habituales son los que constan de un chasis para cuatro ruedas y tienen una pequeña rueda en la parte frontal para sostener el remolque cuando no está unido al vehículo que arrastra.

Existen muchos tipos de remolques, y la mayoría constan de una rampa para poder subir a los caballos. Algunos tienen, además, una rampa frontal para bajarlos. Los remolques diseñados para transportar más de un caballo, suelen distinguir dos o más particiones para dividir el espacio verticalmente. Los suelos suelen estar recubiertos de caucho o algún otro material antideslizante, pero asegúrese de que podrá retirar cualquier material para limpiar el suelo en profundidad. También deberá secarse por completo para evitar que se oxide o se pudra.

Averigüe bien todas las características antes de comprar su propio remolque o camión. Compruebe su sistema de frenos, luces, suspensión, y todos los extras opcionales que le harán la vida más fácil en la carretera, y como pueden ser las luces interiores, los estantes para las sillas de montar, una caja con material de almohazamiento, y un compartimiento para el agua.

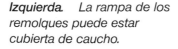

Izquierda. La rampa de los remolques puede estar cubierta de caucho.

Arriba. Un camión grande puede transportar hasta seis caballos a la vez.

Página siguiente. Este semirremolque incorpora un armario donde guardar el equipo.

Finalmente debe asegurarse de que su vehículo es apto para remolcar y de que el conductor tiene la licencia requerida.

Camiones

Se trata de vehículos propios que pueden transportar alrededor de 8-10 caballos al mismo tiempo. También llamados *boxes* en muchos lugares del mundo, se parecen más a un mini vehículo para mudanzas que a un trailer.

Aunque son muy grandes y pueden resultar molestos, suelen usarse como lugar de descanso en las competiciones, o para caballos del mismo equipo que deben viajar cierta distancia de una competición a otra. Probablemente son más fáciles de conducir que un remolque, aunque el conductor deberá tener una licencia especial. Suelen proporcionar comodidades y alojamiento para mozos de cuadra, así como zonas para la comida y el equipo.

Los equipos más lujosos incorporarán, además, las mismas facilidades de limpieza, cocina y descanso que cualquier caravana bien equipada. No obs-

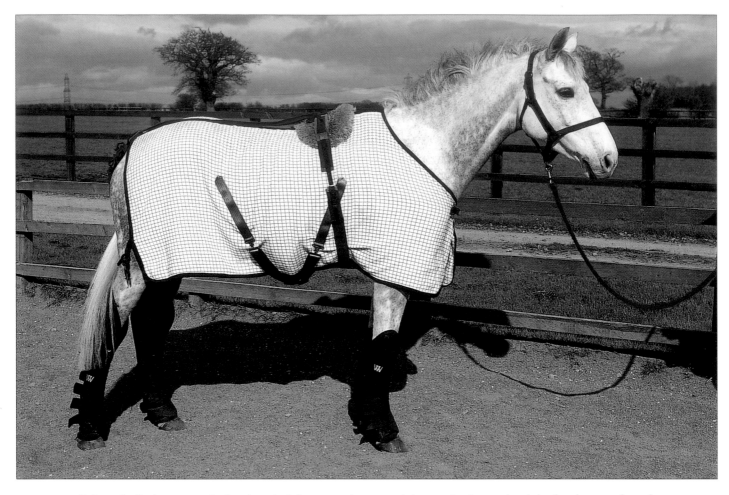

Este caballo incorpora todo el material necesario para viajar: protectores de viaje, funda para la cola, protector para la frente, y una fina manta para proporcionarle calor. En climas cálidos, la manta no será necesaria.

tante, estas facilidades las poseen muy pocos caballos, pero sí los mejores jinetes de competición.

En todos los casos, los costes son relativamente altos.

Material de viaje

El material necesario para transportar un caballo es mínimo y restringido a aquellos que sirven para asegurar un viaje seguro y sin lesiones.

Las patas de los caballos son particularmente vulnerables y deberían protegerse aunque la distancia sea corta. Al menos, póngale protectores de viaje o vendajes en la parte baja de las patas. Deberían ser acolchadas y estar bien seguras, y deberían protegerle también los corvejones y rodillas. Existe una gran variedad de diseños diferentes de protectores de viaje.

Muchos caballos tienden a rozarse la parte superior de la cola con la puerta del remolque. Para prevenir que se puedan dañar y proteger la zona con piel de la base de la cola, utilice una venda especial, pero no apriete demasiado ya que podría lastimarle la cola al animal.

También es aconsejable llevar algún tipo de manta o sábana en los viajes, dependiendo de las condiciones climáticas y de lo que esté acostumbrado su caballo. Cuando el clima es húmedo, una manta de exteriores le proporcionará protección del viento y la lluvia; después de hacer ejercicio, una sábana especial mantendrá la temperatura de su cuerpo.

Para los caballos que dejan caer la cabeza durante su transporte, o para los caballos más grandes, una funda para la cornamenta le proporcionará una mayor protección.

También necesitará una red de heno rellena de heno de avena, paja, alfalfa o el aperitivo habitual de su caballo, independientemente de la duración del trayecto. Esto le distraerá y le relajará. Si no quiere que coma a la hora de llegar a su destino, con motivo de una feria por ejemplo, sacrifíquese y adelante su viaje.

Evite llevar objetos sueltos en el remolque del animal, incluido cubos. Cualquier cosa que pueda caerse supone un peligro para él.

Protector para la frente.

Introducir al caballo

Si puede dirigir a su caballo sin problemas, no existen motivos por los que no pueda introducirlo en el remolque con facilidad. Empiece por colocarse a unos metros de la rampa y entonces, mirando al frente y con el caballo a la altura de su hombro, entre en el remolque con él. Si no le quiere seguir, no trate de empujarle. En su lugar, hable con él apaciblemente con un tono alentador e intente moverse hacia atrás lentamente. Intente que no gire la cabeza hacia atrás y comience de nuevo cuando se termine la rampa. Manténgalo de frente al remolque y no le gire. Si el caballo se detiene o vacila, a veces puede ser de ayuda ponerle uno de los pies en la rampa y empujar suavemente desde atrás. Engatusarle con comida también puede ser de ayuda, aunque es posible que un golpe seco de látigo sea más efectivo.

Introducir un caballo en un remolque puede ser problemático, especialmente si no tiene experiencia o no está seguro de sí mismo. Los caballos son unos animales muy sensitivos que se aprovecharán de su inseguridad antes de que pueda darse cuenta.

Un caballo entra en un remolque sin problemas.

Un método que a veces funciona con caballos problemáticos es atar una cuerda o una correa al remolque (a las clavijas que aseguran la rampa) y pedirle a alguien que lo acerque a la parte trasera del caballo, de modo que lo persuada a andar hacia delante. Una segunda correa, atada al otro lado del remolque, será incluso más eficaz. En tal caso necesitará dos personas que le ayuden, y que deberán cruzar las dos correas por detrás del caballo, evitando que se escape o que empuje hacia fuera. Tenga cuidado ya que muchos caballos cocean o dan patadas si se ponen nerviosos.

Jamás debe montar un caballo para subirlo a un remolque, pero debería usar una brida por seguridad si la situación se pusiera difícil. Otro consejo es que introduzca a otro caballo más fácil de manejar en primer lugar. Permanezca bien cerca de él con su caballo, e intente introducirlo nada más entrar el primer caballo.

En casos extremos, cuando un caballo se niega totalmente a entrar en el remolque, posiblemente a

VIAJAR CON UN CABALLO

Antes de transportar un caballo por usted mismo, móntese en un remolque para saber qué se siente. En la mayoría de países está prohibido que las personas viajen en este tipo de remolques por la vía pública, pero incluso un pequeño viaje por una finca privada le dará una buena idea sobre lo que va a sentir su caballo.

Una vez con su caballo en la calle, intente mantener un ritmo tranquilo y sosegado. Evite los frenazos o acelerones repentinos, y gire con mucha suavidad. Reduzca la velocidad si hay muchos baches. Cuando esté en carretera, aumente y disminuya la velocidad de forma gradual. Revise el remolque regularmente para comprobar que todo va bien.

Normalmente, un caballo viajará sin problemas durante cuatro o cinco horas. Si el viaje va a ser más largo, haga una parada para comprobar que su caballo está bien, y que dispone de suficiente agua.

Dos caballos están siendo transportados en un remolque tirado por un vehículo doméstico común. El espacio entre la rampa y el techo del remolque permiten una buena y sana circulación de aire.

causa de un trauma pasado, puede necesitar ayuda profesional.

Puede llevarle semanas o incluso meses de trabajo regular conseguir que un caballo cauto quiera entrar o salir de un remolque. Nunca opte por golpearle, y lleve guantes para evitar las posibles quemaduras causadas por la cuerda.

Al bajarlo del remolque, usted o alguien que le ayude deberían desatar al caballo y después sujetarlo mientras alguna otra persona abre la rampa y le guía hacia atrás (o hacia delante, si dispone de una rampa frontal). Empuje suavemente sus cuartos traseros hasta situarle en el centro de la rampa, de modo que no se resbale, caiga por uno de los lados, y se dañe las patas. Algunos caballos salen corriendo, por lo que deberá estar preparado para una situación así, en especial si transporta a un caballo que no conoce.

Izquierda. Vans *aparcados en fila en una feria.*
Debajo. *Un jinete y el caballo subiendo la rampa del remolque.*

La alimentación de su caballo

Los caballos que viven al aire libre saben cuidar de sí mismos, y pastan constantemente. Comen de forma selectiva y suelen preferir hierba corta y suculenta. A diferencia del ganado, que usan la lengua para pastar, los caballos usan el labio superior y los dientes anteriores para arrancar la hierba, pero luego la mastican con los dientes posteriores.

Si el campo donde vive tiene un pasto adecuado y suficiente, no necesitará aumentar la alimentación de su caballo, al menos en primavera y verano. Pero como la mayoría de caballos viven en un entorno artificial, sobre todo en establos, necesitan que les lleven la comida. Incluso aunque dispongan de pasto, suele ser necesario proporcionarles fibra adicional y otros alimentos como heno o paja.

Para asegurarse de que el sistema digestivo de su caballo funciona correctamente, necesitará pequeñas dosis de comida de forma frecuente. Esto es debido a que tiene un estómago muy pequeño y no digiere bien si come mucho al mismo tiempo.

La cantidad de comida necesaria dependerá del trabajo que realice su caballo, así como de su tamaño, y del ejercicio diario que realice. La comida proporciona energía, y del mismo modo que aumenta la cantidad de trabajo y ejercicio, la dieta del caballo deberá ajustarse para proporcionar energía adicional y así fortalecer los músculos.

Cualquiera que sea la dieta que haya elegido para su caballo, deberá comer todos los días a la misma hora. También deberá disponer de agua limpia en todo momento *(ver págs. 34 y 43)*.

NECESIDADES NUTRICIONALES

Todos los caballos necesitan fibra, proteínas, carbohidratos, grasas, algunos minerales, oligoelementos y vitaminas, aunque puede variar dependiendo del tipo de pony o caballo.

Podemos encontrar fibra en la comida a granel, encontraremos las proteínas en los aminoácidos esenciales de la mayoría de los cereales, particularmente en la avena, así como en muchos otros comestibles, como puede ser la alfalfa. Los concentrados y las comidas preparadas por propietarios contienen un porcentaje controlado de proteínas y suele confiarse en que proporcionan todo lo necesario para un buen crecimiento. Aunque mucha cantidad de proteínas puede ser perjudicial para el riñón, la falta de proteínas causa una pobre condición física,

EL SISTEMA DIGESTIVO DEL CABALLO

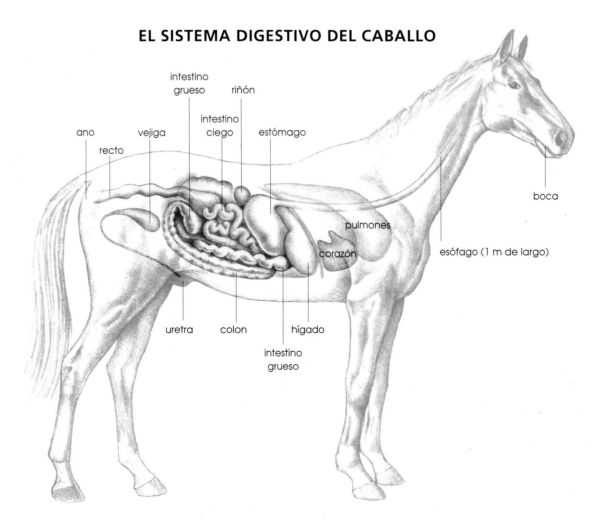

intestino grueso

riñón

intestino ciego

ano

recto

vejiga

estómago

boca

pulmones

corazón

esófago (1 m de largo)

uretra

colon

hígado

intestino grueso

falta de apetito, y posiblemente una actuación inadecuada.

Los carbohidratos proporcionan energía y combustible para el crecimiento. Se encuentran en diferentes alimentos, como las grasas, cereales y comidas concentradas, así como en la melaza, que suele incluirse en su dieta. Es importante un buen equilibrio de carbohidratos y ejercicio físico: demasiados carbohidratos con poco ejercicio provocarán sobrepeso en el animal, mientras que una cantidad demasiado pequeña de carbohidratos desembocará en una pérdida de energía, particularmente si está entrenando duro.

Las grasas regulan la temperatura del cuerpo y mantiene sanas la piel y el pelaje del caballo. Muchos concentrados contienen una pequeña cantidad de aceite, y no será necesario añadir más. Demasiado aceite de hígado de bacalao puede ser dañino ya que desequilibra el contenido de vitaminas y minerales en la dieta. Si decide añadir este aceite a las comidas, no use más de una cucharada sopera diaria, o si no añada media taza de aceite vegetal a la comida diariamente. No añada aceite a los terrones o las bolitas.

Mida el aceite con cuidado cuando se vaya a añadir a la comida, y procure no usar demasiado.

Mientras que algunos minerales y vitaminas se presentan en distintas formas, un caballo enfermo se puede beneficiar del suplemento de alimentos. Pero si la dieta está controlada adecuadamente, raramente será necesario proporcionarle un suplemento adicional. Por ejemplo, aunque la vitamina A suele proporcionarse a caballos con las pezuñas secas y agrietadas y el pelaje sin brillo, podemos encontrarla en forma de caroteno en algunas comi-

Cuando se trata de pastar, la hierba de fuera del paddock *resulta más verde para algunos caballos.*

das como las zanahorias, hierba, maicena y alfalfa. La vitamina B, necesaria para un sistema nervioso sano, raramente escasea si el caballo está bien alimentado. La vitamina C, que se encuentra en la hierba, se produce en el tracto digestivo del caballo y no es necesario suplementarla. La vitamina D y los minerales calcio y fósforo son esenciales para un desarrollo sano de los huesos. El fósforo abunda en los cereales, y tanto la melaza como la alfalfa son ricas en calcio. El magnesio también es esencial para una buena estructuración de los huesos y como activador de encimas, mientras que el sulfuro es necesario para producir encimas, hormonas y aminoácidos. Si la dieta de un caballo está bien equilibrada, su cuerpo producirá su propia vitamina D por síntesis con los rayos del sol. La vitamina F, abundante en los granos que brotan, mejora la función reproductora de los sementales y, de forma menos efectiva, de las yeguas. La vitamina K, que también se encuentra en los granos que brotan y en la hierba, es esencial para una buena coagulación de la sangre.

Las vitaminas A, D, E y K se almacenan en la grasa del cuerpo, mientras que las vitaminas B y C se disuelven en el agua y se necesitan a diario. Con una buena dieta equilibrada, las vitaminas B y C se producirán de forma natural por acción bacteriana en el intestino del caballo.

ALIMENTACIÓN

La aproximación científica a la alimentación le requiere que detalle diariamente todos los requisitos exactos en relación a la medida de su caballo o pony, y su régimen de ejercicios. Aunque muchos criadores y muchos jinetes con experiencia mezclen su propia comida, los comerciantes de comida de todo el mundo, muchos de los cuales son dietistas de animales calificados, proporcionan sus mezclas en forma de cubo, bolitas y carne, y que sirven para distintos propósitos, dependiendo de los niveles de energía requeridos.

La comida que se elija, así como el tamaño del animal, determinarán la cantidad de comida que deberá ingerir. Como guía, el peso neto de la comida que debe darse cada día debería ser el 2,5% del peso total del caballo, siempre que esté sano y en una buena condición física. Como pesar a un caballo no es una tarea nada fácil, los expertos han descubiertos un sistema que le permitirá averiguar un peso aproximado. Para determinar su peso en kilogramos, debe medir el contorno del animal (alrededor del vientre) en cm, siendo lo más preciso posible. Multiplique esta cantidad por la distancia entre el codo de la pata delantera hasta las nalgas,

Las redes de heno mantienen la comida envasada y seca.

y entonces multiplíquelo por 75. La fórmula para averiguar el peso total en libras requeriría tomar las medidas en pulgadas: multiplique el largo del animal por el contorno, elévelo al cuadrado, y divídalo por 300.

Una vez sepa lo que pesa su caballo o pony, podrá calcular la cantidad total de comida que debería comer a diario. La fórmula es:

$$2,5 + 100 \times peso$$

De este modo, un pony de 12 palmos y que pesa 300 kg deberá comer alrededor de 7,5 kg de comida cada día, mientras que un caballo de 16,2 palmos y que pesa el doble deberá comer alrededor de 15 kg.

Desde luego que esto no le indica en qué clase de alimentos debe consistir su alimentación, pero debería combinarlos. Aparte de esto, algunos caballos requieren unos alimentos que proporcionen mayor energía que otros. También juega un papel importante las condiciones de vida y climáticas de su zona, ya que los caballos pueden utilizar hasta el

AVERIGUAR EL PESO DE UN CABALLO

❶ medida del contorno

desde encima del codo hasta las nalgas
❷

PESO EN KILOGRAMOS: = ❶ cm X ❷ cm = ? X 75

PESO EN LIBRAS: = ❶ pulgadas X ❷ pulgadas = ?. $?^2 \div 300$

CANTIDAD DE COMIDA: 2,5 ÷ 100 X peso

30% de su peso en mantener la temperatura de su cuerpo.

Como guía general, si el pony está al aire libre pero sólo se monta alrededor de una hora al día, y sobre todo al paso y al trote, podrá vivir fácilmente con pasto y heno. Si realiza un trabajo más activo, como por ejemplo ir a medio galope, saltar o participar en gymkhanas, necesitará sustituir el 15% de su comida por concentrados (1 kg de cubos o carne divididos en dos o tres comidas). Un pony de 12 hh no suele hacer un ejercicio muy enérgico. Sin embargo, un caballo de 16,2 hh puede entrenarse para pruebas de hípica, competiciones de resistencia en largas distancias, caza, o incluso polo, en cuyo caso el 45 ó 55% de comida deberá darse en forma de concentrados.

Incluso aunque el caballo no realice demasiado ejercicio, se le podría dar un 15% de comida (2,25 kg) en concentrados. Si practica poco ejercicio (una hora al día de paseo) podría aumentarse hasta el 25% (3,75%). Si compite en saltos o doma, podría aumentarse hasta una tercera parte de su dieta (5 kg divididos en tres o cuatro comidas al día). Si tiene alguna duda, consulte con un experto.

Comida a granel y piensos

La comida a granel (incluida la hierba) y los forrajes (incluida la paja y el heno) proporcionan sustancias celulósicas y nutritivas, y son un elemento esencial en la dieta de un caballo. Estos alimentos deberían proporcionarse generalmente antes que los piensos, para evitar que el animal se atragante.

La hierba es el mejor alimento para un caballo, aunque su calidad variará según lo que se haya plantado o según el suelo de la zona. Si no puede pastar debido a alguna razón como es una enfermedad o una lesión, pero usted tiene acceso a una zona con hierba fresca, llene un saco y alimente con eso a su caballo. Corte la hierba tan larga como le sea posible, y no la deje en el campo por mucho tiempo ya que se puede echar a perder y causarle un cólico al animal. Muchos prados se tratan con herbicidas, por lo que no deberá alimentar a su animal con este tiempo de hierbas.

Existen diferentes tipos de heno, dependiendo del tipo de hierba utilizada y de la zona donde viva. En el Reino Unido, por ejemplo, el heno de las praderas se considera perfecto para los ponies, ya que contiene una gran variedad de hierbas distintas, así como tréboles y césped.

Los caballos deberían comer en el establo, aunque estén fuera todo el día.

Heno o hayage   *Paja*   *Lucerna/Alfalfa*   *Heno de avena*

Las semillas de heno se cultivan y también contienen diferentes tipos de hierbas. Se dice que son más nutritivas que el heno de las praderas, y mejores para los caballos de competición. El heno de ballico o de centeno, alto en proteínas pero bajo en minerales, también puede ser usado como pienso.

El heno debería crecer en un clima seco y soleado, cuando la hierba ya haya florecido pero antes de que se vaya a sembrar. No debería darse a caballos o ponies que no tengan al menos dos años. Si se come antes de tiempo, puede causarles cólico; si se hace demasiado tarde, sus cualidades nutricionales se habrán deteriorado.

En muchos lugares del mundo, se proporciona *haylage* (o hayage) en lugar de sustancias celulósicas. Se venden mezclas de hierbas y otros cultivos embolsados y bajo el nombre de varias marcas. Es más húmedo que el heno normal y suele proporcionarse a animales que padecen algún tipo de alergia. También es muy útil cuando el heno de buena calidad escasea. Una vez se ha abierto la bolsa, debe usarse enseguida ya que suele enmohecerse en pocos días. Úselo según las instrucciones del fabricante.

El heno en remojo también puede proporcionarse a los caballos alérgicos a las esporas que se encuentran en el heno. Coloque el heno en una red antes de introducirlo en un cubo de agua limpia o mojarlo con una manguera. Deje que se escurra antes de dárselo a su caballo. Si durante ese día no se termina la red de heno, prescinda del heno mojado.

El heno de avena es un producto a base de avena y, como todos los tipos de heno, debería cultivarse en un clima soleado y seco. En algunos países, se cortan las cimas de las plantas de avena, así como las semillas y los tallos que dan zumo, para hacer lo que se conoce como heno de avena. Los tallos más gruesos de la superficie se cortan, se

secan, y se venden como paja. También se puede proporcionar a los caballos como alimento, especialmente a los ponies pequeños y gordos, pero no es muy nutritivo y no tiene tan buen sabor.

La cebada y la paja de trigo no son muy apropiadas como alimento.

La lucerna, también conocida como alfalfa en los Estados Unidos y otras partes del mundo, es una planta parecida al trébol y procesada del mismo modo que el heno. Posee un gran valor nutricional, muchas proteínas y aminoácidos esenciales, alto contenido en calcio y muy poco fósforo. Si se añade a la dieta del caballo, se debería proporcionar menos cantidad de concentrados. Aunque no repercuta en el comportamiento de todos los caballos, la lucerna o la alfalfa puede hacer que algunos tengan un mayor temperamento (que se alteren indebidamente cuando son montados).

Todos los tipos de piensos deberían tener un olor agradable y estar limpios y sin moho. Si huele a moho probablemente se haya mojado y debería desecharse.

Abajo. *El heno de avena es un aperitivo lleno de sabor a cualquier hora del día.*

PIENSOS

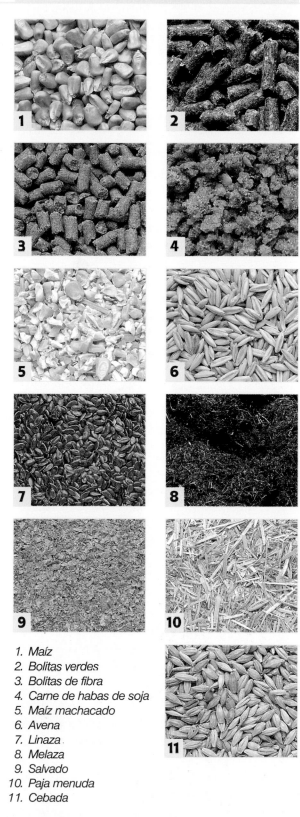

1. Maíz
2. Bolitas verdes
3. Bolitas de fibra
4. Carne de habas de soja
5. Maíz machacado
6. Avena
7. Linaza
8. Melaza
9. Salvado
10. Paja menuda
11. Cebada

Cereales

Los cereales, particularmente la avena y el salvado, suelen incluirse en la dieta de los caballos.

La *avena* es considerada la mejor fuente de energía para los caballos, aunque es una comida con muchas calorías y que no debería proporcionarse a caballos con mucho temperamento o a ponies excitables ya que les aporta mucha energía y dificulta el hecho de montarles. La avena debería proporcionarse entera si ha estado en remojo al menos durante doce horas, o sino debería darse enrolladas o a pedazos. Tradicionalmente, la avena se mezclaba con cebada o con salvado y con pedazos de paja o heno. Actualmente, muchos propietarios de caballos prefieren proporcionar concentrados que contengan avena.

La *cebada* puede usarse enroscada o a pedazos, pero nunca debe hacerse entera a no ser que haya estado en remojo y se haya hervido durante un par de horas. Mezclada con salvado forma una masa fácil de digerir. Los copos de cebada son más fáciles de digerir que la cebada enroscada o a pedazos y suele sustituirse por avena en los casos en que el caballo se excite demasiado. Generalmente es la mejor opción para los ponies.

Los *copos de maíz* se añaden en ciertas comidas para que haya mayor variedad. Como tiene mucha grasa y excita a los caballos, debería usarse sólo en pequeñas cantidades. Si se usa maíz entero, debería remojarse durante veinticuatro horas.

El *salvado,* de trigo o de avena, suele usarse para dar volumen a las comidas y para facilitar la digestión. Si se come húmedo, actúa como un laxante suave. Algunos caballos enfermos se alimentan de una masa de salvado de trigo caliente hecha a partir de arrojar agua hirviendo en el salvado. Por cada kilo de salvado, añada una cucharada sopera de sal o epsomita y un poco de gelatina de linaza para que sea más apetitoso. La gelatina de linaza, tradicionalmente proporcionada a los caballos una vez por semana en invierno para mejorar su pelaje, está hecha con unos 60 gr de semillas cubiertas con 1,7 litros de agua aproximadamente y remojada durante veinticuatro horas para ablandarla antes de hervirla. Es imprescindible hervirla a fuego lento hasta que se separen todas las semillas, ya que al cocinarse pueden ser tóxicas. Mézclelo con la cena mientras la gelatina siga caliente.

Concentrados

Disponibles en forma de cubos, bolitas o nueces, o como mezclas de harinas gruesas, los concentrados son, en la actualidad, la opción preferida para muchos propietarios de caballos. Los ingredientes de tanto las mezclas como los cubos son revisados cuidadosamente por dietistas entrenados y realizados bajo estrictas condiciones de fabricación supervisadas. Los niveles de energía, así como la idoneidad para un tipo de caballos en concreto, suele estar anotado en la etiqueta. En algunos países, los concentrados hacen referencia a un porcentaje, que se relaciona directamente con los niveles de proteínas. Por ejemplo, un 10% es la cantidad necesaria para la mayoría de caballos, mientras que el 14-16% sería la cantidad necesaria para los caballos de carreras. Como alternativa, pueden hacer referencia al propósito por el cuál se han preparado, por ejemplo, para caballos y ponies, para purasangres, sementales, etc.

Se puede disponer del mismo contenido tanto en forma de mezcla como en forma de bolas. Algunos propietarios creen que sus caballos se aburren comiendo siempre bolitas y prefieren mezclas porque se pueden apreciar sus contenidos.

El contenido procesado suele incluir ingredientes tradicionales, como avena, salvado, maíz, etc., y a veces también soja, aceites vegetales, vitaminas, minerales, y otros aditivos. Los granos pueden prepararse en forma de copos, mediante un proceso similar a la acción de un microondas, o se sacan rompiendo su estructura de almidón. A diferencia de las mezclas tradicionales de cereales, la nueva generación de alimentos presentados en una forma «poco libre» están basados en fibras de alto nivel enérgico más que en almidón de alto nivel enérgico. Esto mejorará el vigor y es perfecto para los caballos de competición.

Los caballos adoran las manzanas; y los niños adoran darles de comer. Este Appaloosa no es una excepción.

A la hora de comprar concentrados, asegúrese de que está adquiriendo una marca conocida y así no tener dudas de que el producto será consistente. Desafortunadamente, si ciertos ingredientes se suministran de manera escasa, la consistencia puede convertirse en un problema.

Cuando dé de comer a su caballo algún tipo de concentrado, siga siempre las instrucciones de su fabricante y nunca alimente de más al animal. Puede pensar que le está dando muy poco, en particular cuando lo hace en forma de cubos, pero en este ejemplo es más conveniente darle poca cantidad que darle mucha.

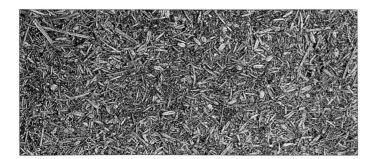

Una mezcla de piensos, lista para comer.

Aditivos

A menudo se incluyen en la comida de los animales distintos aditivos y suplementos, incluso cuando las marcas que hacen esta comida la hacen a medida y por encargo. Familiarícese con los ingredientes de cualquier suplemento que le vaya a proporcionar a su caballo, y asegúrese de que no son incompatibles con los suplementos que vienen en las comidas ya preparadas y en los concentrados. Cuando lo dude, consúltelo con un dietista experto en animales o con un veterinario.

Los electrolitos y las sales, como el sodio, cloro y potasio, son esenciales para la regulación de todos los fluidos del cuerpo de un atleta, y esto también puede aplicarse a los caballos. En países de clima cálido, cuando hace calor y después de un arduo ejercicio o de un entrenamiento para competiciones como las carreras de resistencia en largas distancias, pruebas combinadas y polo, los electrolitos deberían suplementarse. La sal (cloruro de sodio) es fácil de añadir en su dieta; podrá añadir una pizca a cada comida, o bien darle un cubito de sal, disponible en tiendas de guarnicionería y algunos comercios de comida. Fijados a la pared del establo, los cubitos de sal son eficaces y prácticos, pero no tienen la bendición de todos los caballos. El potasio, que se encuentra en la parte más baja de la hierba de algunos pastos, puede ser suplementado con vinagre de sidra. Como alternativa, se le puede dar una mezcla casera de electrolitos.

Existen piedras de sal y minerales para lamer de distintos sabores, tamaños y formas.

Las melazas, un producto a base de caña de azúcar, tienen un alto valor nutricional y se considera un verdadero placer para muchos caballos. De hecho, muchos propietarios utilizan un manojo de melaza mezclado con mezclas de gusanos y medicamentos para facilitarle la ingesta al caballo. Sin embargo, no debería mezclar melaza con comida de peor calidad simplemente para conseguir que el caballo se la coma. En forma líquida, la melaza parece melaza negra; cuando tiene forma de harina, resulta un poco viscosa al tacto y parece tierra para macetas.

Vegetales

Los vegetales y las frutas pueden servir de alimento a los caballos y a los ponies. Los más comunes a nivel mundial son las zanahorias (que pueden adquirirse a granel) y las manzanas. Otros vegetales como los nabos, remolachas, chirivías y los nabos gallegos, son también muy nutritivos, aunque puede llevarle tiempo al caballo a adaptarse a su sabor. Los vegetales pueden comerse en grandes cantidades y sin ningún peligro (alrededor de 1 kg diario). Las manzanas son particularmente populares porque son dulces y sabrosas, pero tenga cuidado de no darles demasiadas ya que pueden causar cólico si se comen cantidades muy elevadas.

DAR DE COMER A SU CABALLO

El primer paso es establecer una rutina. Los caballos son unos animales de hábito y anticiparán su hora de comer según el reloj. Lo ideal es darles de comer tres o cuatro veces al día, aunque no siempre es práctico, en particular si usted trabaja y no tiene la ayuda de un mozo. Al menos necesitará darle de comer por la mañana y por la noche, y asegurarse de que tiene suficiente hierba y comida en una red o un comedero si está en un establo, o una red de heno o un recipiente con comida si está en un *paddock*.

Mezcle la comida en un contenedor apropiado antes de dársela a su caballo. Tenga siempre una pala en la habitación de la comida, y compruebe el peso de cada pala de heno y cuántos golpes de pala tiene que dar. Mezcle todo junto y humedézcalo ligeramente si va a darle comida seca, y en particular si incluye salvado. Asegúrese de que su caballo haya bebido agua antes de darle de comer, y entonces llene todos los cubos o bebederos del establo y del paddock antes de marcharse.

Nunca alimente a un caballo justo antes o después de hacer ejercicio. Al menos espere una hora antes de montar, y después de hacerlo, refresque a su caballo andando un rato. Entonces, déle agua y una red de heno y espere a que su pulso y su respiración hayan vuelto a la normalidad y deje de transpirar (tóquele el pecho para asegurarse de que ya no está caliente antes de darle de comer).

ALMACENAMIENTO DE LA COMIDA

Necesitará una habitación para la comida lo suficientemente grande para almacenar todo tipo de alimentos: piensos, cualquier cereal individual que use, suplementos y unas buenas provisiones de forrajes: heno, lucerna o alfalfa, etc. Los alimentos deberán guardarse en pallets, lejos del suelo, para mantenerse secos. La habitación debe ser seca, fría y limpia, y debería tener cubos, bidones y otros tipos adecuados de contenedores que puedan cerrarse de manera segura.

Izquierda. *Unos paquetes de heno de avena y lucerna/alfalfa almacenados.*

Se debería acostumbrar a los caballos a beber agua antes de las comidas.

Necesitará varios cubos que puedan precintarse y así podrá separar los distintos tipos de comida. Es importante acabar con la comida más vieja antes de decantarse por las provisiones más nuevas. El plástico moldeable es un buen material, a diferencia de la mayoría de las bolsas de papel o de arpillera, que se pueden romper fácilmente por los roedores. No importa lo limpio o cuidadoso que sea: las ratas y los ratones se sienten atraídos por el heno, la paja y la alfalfa, y esa es la razón por la que se emplean gatos en establos de todo el mundo.

Si un caballo entra en la habitación donde se almacena la comida, asegúrese de que no pueda volcar los cubos o sacar las tapas. Un caballo puede tener un cólico de una dosis fatal si se sobrealimenta, y esto le ha sucedido a caballos que han entrado en los almacenes de comida.

Derecha. La comida se almacena de forma segura en un gran cubo y unos barriles.

La salud de su caballo

n caballo sano es un caballo feliz: un hecho que suele ayudar a los propietarios a identificar una posible enfermedad o una lesión repentina. No le llevará mucho tiempo familiarizarse con el comportamiento y la conducta de su caballo, por lo que le resultará fácil identificar cualquier signo extraño.

Por supuesto que le ayudará tener un conocimiento más amplio del comportamiento equino habitual y una percepción de lo que puede funcionar mal. Por ejemplo, un caballo sano se revuelca por el suelo por placer, mientras que un caballo con un cólico lo hará por dolor; y mientras que todos los caballos dejan descansar sus piernas traseras cuando se relajan en un *paddock* o establo, puede ser un signo de dolor cuando lo hacen con sus piernas delanteras.

Tome cualquier precaución posible para tratar de mantener a su caballo sano, no sólo llevando bien las cosas del establo, sino asegurándose de que recibe tratamiento veterinario periódicamente, incluyendo desparasitaciones regulares, dientes flotantes, y todas las vacunas necesarias.

Finalmente, necesitará saber qué hacer en una emergencia y cómo saber cuándo es necesario o aconsejable llamar a un veterinario o a un practicante calificado.

ASISTENCIA PROFESIONAL

Todos los propietarios de caballos requieren la asistencia de un veterinario en algún momento, incluso aunque el caballo tenga una salud de oro. Aunque todos los veterinarios reciben una educación básica similar, algunos se especializan en caballos, por lo que si su veterinario suele cuidar de perros y gatos, puede no ser la persona más indicada para cuidar de su pony o caballo. Una recomendación personal es intentar encontrar un veterinario apropiado. Lo ideal es encontrar a alguien que no esté muy lejos de los establos; no sólo porque muchos veterinarios le cobrarán el desplazamiento, sino porque también llegará antes en caso de emergencia. No obstante, los veterinarios hacen algunas visitas a lugares específicos ciertos días y, si utiliza sus servicios estos días, no le cobrará el desplazamiento.

Recientemente, muchos practicantes especializados en fisioterapia, homeopatía, quiropráctica y acupuntura han enfocado sus conocimientos hacia el cuidado de los caballos. Otros se han especializado en odontología equina. En caso de emergencia, siempre deberá contactar con un veterinario en primer lugar. Si desea contratar los servicios de otros practicantes, debería tener el consentimiento de su veterinario. Si no, intente encontrar a un veterinario que acepte su deseo de utilizar remedios alternativos.

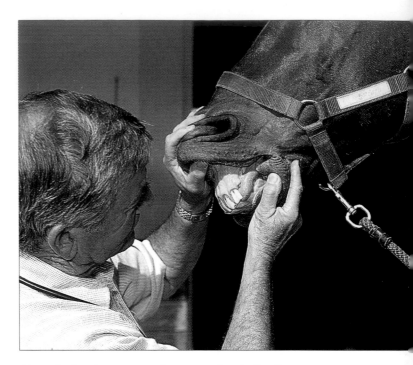

Un veterinario comprueba que el caballo tiene una dentadura y unas encías sanas.

UN CABALLO SANO

La actitud general de cualquier caballo le dará una buena indicación de su estado de salud. Debe estar en todo momento alerta y atento, e interesado en lo que ocurre a su alrededor. Debe tener los ojos brillantes y claros, sin ningún tipo de secreción, y la mucosa de debajo del párpado debe ser de un color rosa asalmonado en lugar de blanco, amarillo o rojo. La parte interior de los ollares, así como los labios y las encías, deben ser también de color rosa asalmonado.

Si la cabeza le cuelga hacia abajo, es probable que se sienta mal. Su pelaje debe ser brillante, en especial después del cepillado. Un pelaje seco, una piel tersa o la evidencia de inflamaciones, bultos o pequeñas zonas sin pelo indican que está mal de salud. Revise sus patas regularmente, en particular después de entrenamientos y competiciones duras. Si se hinchan o se inflaman, o puede sentir que están calientes, actúe de forma inmediata. A no ser que esté seguro del motivo y sepa el tratamiento que necesita, llame a su veterinario.

Revise las heces de su caballo a diario. Deberían ser de un color verde o marrón brillante, firmes y húmedas, y deberían deshacerse al caer al suelo.

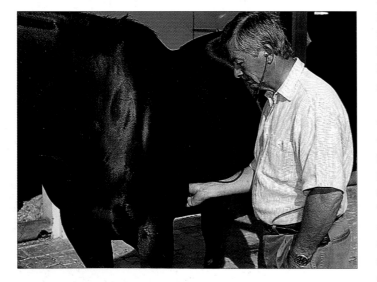

Un veterinario utiliza un estetoscopio para comprobar el pulso de este caballo. En reposo, la cantidad normal de pulsaciones debe ser entre 36 y 42.

Rebasan de 8 a 15 montones por día. Si lo hacen poco, pueden estar estreñidos; si no defecan, puede estarles sucediendo algo más serio. Si los excrementos son secos o viscosos, huelen muy mal o tienen sangre, mucosas o comida sin digerir, debería preocuparse. Una orina oscura es otro signo de que su caballo no está bien. La incapacidad de orinar o esforzarse demasiado en hacerlo puede indicar una obstrucción; orinar en exceso también es una anomalía.

Excrementos sanos.

La pérdida de apetito o el negarse a beber agua indican que algo no va bien.

Aprenda cómo saber si su temperatura, respiración y pulso son normales, y tenga en cuenta que cambiarán cuando realice ejercicio o entrene.

La temperatura es una indicación fidedigna de salud o enfermedad. Aunque puede usar un termómetro corriente, es preferible usar un termómetro veterinario. Lubrique el bulbo del animal con vaselina, levántele la cola e introdúzcaselo en el recto. Recuerde permanecer al lado de las patas traseras y, si nota que el caballo puede cocear, solicita la ayuda de alguien para que le levante una de las patas delanteras. Sujete el termómetro firmemente, presionándolo contra la pared del recto durante una o dos minutos. La temperatura normal ronda los 37,2 °C-38,3 °C. Si no se encuentra entre estos límites, llame a un veterinario.

El pulso de un caballo debe oscilar entre las 36 y las 42 pulsaciones por minuto, en reposo. Los lugares más sencillos para detectar el pulso son la arteria que se encuentra justo detrás del codo, debajo de la mandíbula en la arteria facial, o junto a la vena yugular en el cuello. La forma más precisa de tomar el pulso es usando un estetoscopio y la segunda manija de un reloj para contabilizar el número de pulsaciones por minuto. Como alternativa, cuente su pulso durante diez segundos y después multiplíquelo por seis para calcular cuántas pulsaciones tiene en un minuto.

Cuando practique ejercicio, el pulso o la velocidad del corazón aumentará dramáticamente. Por ejemplo, un caballo que camine a paso ligero tendrá alrededor de 60-70 pulsaciones por minuto; después de un rato de medio galope aumentará, como mucho, hasta alcanzar las 150 pulsaciones por minuto. Si el caballo está en reposo y su pulso es alto, puede estar dolorido, tener fiebre, o simplemente estar asustado.

El índice de respiración hace referencia al número de veces que respira un caballo durante un minuto. Cuando está en reposo, debería respirar de 8 a 18 veces (cada aspiración y expiración suman una respiración). Para establecer el índice de respiraciones por minuto de su caballo, observe cómo sube y baja su ijada o ponga su mano en la nariz del caballo para notar el movimiento de aire.

Igual que en el caso de las pulsaciones, la velocidad de respiración también aumenta al hacer ejercicio y cuando el caballo está enfermo o asustado.

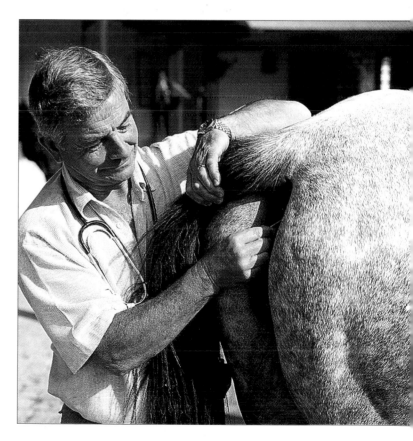
Un veterinario está tomando la temperatura de un caballo en su recto utilizando un termómetro equino.

PREVENIR LAS ENFERMEDADES

Cuando nos referimos a la salud de su caballo, determinadas medidas preventivas sensatas no sólo evitan los ataques al corazón, sino también nos ahorran dinero a largo plazo. Los caballos que no están vacunados contra la gripe equina y desparasitados regularmente son más propensos a enfermar que aquellos que disfrutan del beneficio de una atención periódica.

Parásitos

Los parásitos internos pueden causar daños mayores si se descuidan. En casos extremos pueden causar grandes padecimientos e incluso la muerte. Debe tomar doble precaución. En primer lugar, debe asegurarse de que los excrementos siempre son recogidos y retirados del establo o del *paddock*. Los campos y *paddocks* también deben rotarse para asegurar que el pasto está sano *(ver pág. 34)*.

Abajo. Un veterinario administrando una inyección intravenosa.

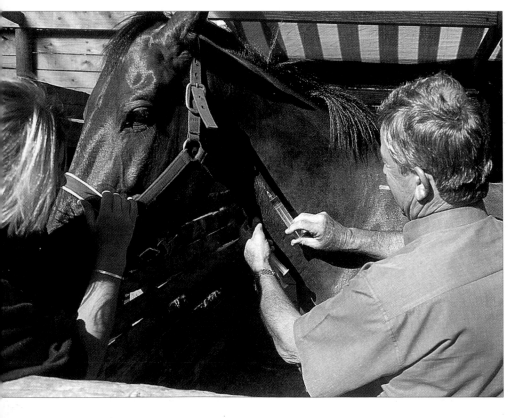

Asegúrese de desparasitar a su caballo regularmente. Existen diferentes marcas de productos para desparasitación, bien en formato de pasta o en formato de polvos. Para conseguir unos resultados óptimos, evite usar siempre la misma marca, así prevendrá que los gusanos se hagan inmunes a este producto. Cualquiera que sea el tipo que esté utilizando, es imprescindible darle la cantidad adecuada. Ésta debe calcularse a partir del peso *(ver pág. 102)*. Muy poca cantidad no tendrá efecto, mientras una cantidad muy elevada puede crear inmunidad y un posible caballo enfermo. Asegúrese de seguir atentamente las instrucciones del fabricante y mantenga el contacto con su veterinario para que le aconseje.

De los distintos gusanos que infectan a los caballos, el peor es el gusano largo rojo. Estos parásitos viven en el intestino o en sus paredes y pueden causar un daño interno considerable. Los síntomas de infección son la pérdida de peso, un pelaje sin brillo y diarrea.

Los gusanos rojos pequeños causan una inflamación general y crean una úlcera en las paredes del intestino delgado del caballo, anemia, estreñimiento, así como problemas digestivos.

Los gusanos redondos suelen ser menos problemáticos, aunque son muy largos y la infestación puede ser extensa. Sin embargo, pueden resultar un problema mayor en el caso de potros y de caballos jóvenes.

A veces nos encontramos con tenias, que necesitarán tratamiento, pero su aparición no suele ser común en el caso de los caballos.

Los huevos de estro, transportados por tábanos, son pequeños y difíciles de extinguir. Deberá utilizar una navaja especial para estros *(ver pág. 66)* para acabar con ellos.

Los parásitos externos también pueden ser dañinos, en particular las garrapatas y los piojos. Son relativamente fáciles de controlar con tratamientos de propietarios, polvos, champús y sprays, pero pueden resultar un problema si no se les presta atención. Pídale consejo a su veterinario si no está seguro de qué tratamiento usar o cada cuánto hacerlo.

Vacunación

Las normas de vacunación varían en cada país, por lo que deberá asegurarse de averiguar cuáles se requieren en el suyo y cada cuánto. Los detalles quedarán registrados en una cartilla o en el pasaporte de su caballo para dar constancia de que tiene todas las vacunas en regla.

Algunas de las vacunas más comunes son la gripe equina, el tétanos y, en algunas partes de África, la enfermedad del caballo africano. La mayoría de las vacunas deben ponerse cada año, cuando el trabajo no está en activo.

- *Tétanos.* Es una enfermedad seria producida por una bacteria de la tierra que puede infectar las heridas. A veces es fatal. Si un caballo que no ha sido vacunado contra el tétanos se hace una herida, llame a su veterinario inmediatamente (incluso un pequeño corte puede desembocar en tétanos). Los síntomas incluirían rigidez y negación a moverse, sobrereacción con respecto al ruido, y pérdida de apetito. Un curso inicial de inyecciones, a veces combinadas con la vacuna de la gripe, y seguida por una revacunación anual.
- *Botulismo.* Es una toxina que proviene de la comida contaminada por ratones muertos, ratas, pájaros, etc. Los efectos son similares a los del tétanos.
- *Gripe equina o influenza.* Es un virus similar al que ataca a los humanos. Es muy infeccioso y suele ser severo. En algunos países, son obligatorias las vacunas regulares contra la gripe equina, especialmente en el caso de los caballos de carreras y de competición. E incluso aunque no sean obligatorias, son muy aconsejables. Algunas razas pueden vencer al virus con inmunidad. Aunque la vacuna no le garantiza que su caballo nunca contraerá el virus, los síntomas serán generalmente más suaves. Del mismo modo que la vacuna contra el tétanos, las vacunas contra la gripe requieren una vacuna inicial seguida de revacunaciones. Su veterinario le informará.
- *Rinoneumonía.* Este tipo de vacunas suelen darse a caballos de los Estados Unidos y de algunas partes

Las supuraciones nasales pueden ser serias. Consúltelo con su veterinario para asegurarse de las causas.

del Reino Unido. Se trata de una infección vírica contagiosa que causa resfriados en los caballos jóvenes, y que también puede causar aborto en el caso de yeguas embarazadas. Los caballos jóvenes sufren un deterioro en sus patas, tos, supuración nasal y fiebre. Desafortunadamente, las yeguas embarazadas no muestran ningún síntoma. Los caballos enfermos deberían estar aislados y tratados por un veterinario, normalmente con antibióticos. La respuesta inmuno a la vacuna es relativamente corta, por lo que deben revacunarse cada tres meses.

- *Encefalomielitis equina.* Seria enfermedad vírica para la que no existe tratamiento. Se limita a América, y en los Estados Unidos los caballos que compiten deben vacunarse contra ella anualmente. Los síntomas iniciales incluyen una ligera pérdida de apetito, fiebre baja, depresión, y posible hipersensibilidad a los estímulos externos. A medida que se agrava la enfermedad, el animal puede parecer ciego o experimentar temblores, lo que

Unas glándulas inflamadas, como las de este caballo, suelen ser un signo de que el caballo no está bien y necesita la atención de un veterinario.

DOLENCIAS COMUNES

Los ponies y los caballos son propensos también a un gran número de dolencias comunes. Mientras que un buen cuidado en el establo las reducirá a un mínimo, deberá saber cómo actuar si las padece. Cuando no esté seguro, consulte a su veterinario.

Tos y resfriados

Suelen ser habituales en los caballos. Un resfriado equino es similar al que padecemos los humanos, comenzando a menudo con un aumento de temperatura y una nariz congestionada. La tos suele acompañar siempre a un resfriado pero también puede deberse a una alergia. Si está enfermo, manténgalo en reposo y, si es necesario, déjelo en el establo. Su veterinario le aconsejará y le prescribirá el medicamento necesario.

puede llevar a una parálisis. Se transmite por medio de insectos, especialmente mosquitos, y se extiende por medio de pájaros salvajes.

Se considera un asunto de salud pública significante, ya que puede transmitirse a humanos y causarles daño cerebral o incluso la muerte. Existen distintas tendencias, por lo que también se dispone de vacunas para encefalomielitis del Este y del Oeste.

• *Peste equina africana.* Ha llegado a matar en proporciones epidémicas. Se trata de un virus transmitido por medio de mosquitos, y es común en condiciones climáticas cálidas y lluviosas. Sus síntomas incluyen fiebre alta, párpados inflamados, respiración intensa y secreciones nasales. Los animales pueden protegerse por medio de vacunación. Cuando tenga una erupción, se aconseja a los propietarios que hagan uso extenso de repelentes de insectos y mantener a su caballo en el establo desde media tarde hasta media mañana. Durante años, se ha prohibido el transporte de caballos en algunas partes de Sudáfrica, así como su exportación a otros lugares del mundo. Existen diferentes tipologías de esta enfermedad y su vacunación no resulta 100% efectiva.

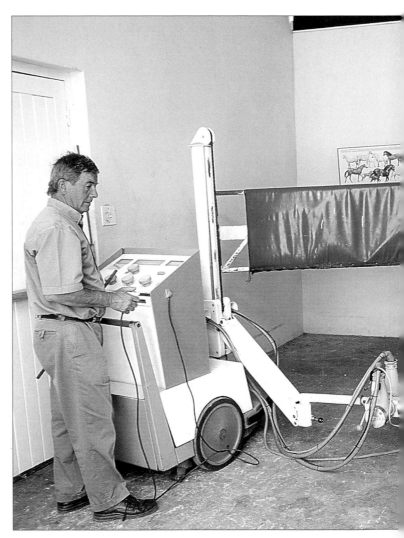

Tarado

Este término suele usarse cuando un caballo o un pony no están 100% sanos. Puede ser debido a un tendón lastimado o a un tirón o una magulladura en la suela del caballo después de haber pisado una piedra. También puede producirse porque la silla no se le ajuste correctamente y se le hayan inflamado los músculos de la espalda. Incluso puede cojear porque no se ajusta demasiado al trabajo que se le pide o porque no lleva unas herraduras adecuadas.

Suele resultar obvio: el caballo apoya su peso sobre la pierna dolorida y puede cojear, dando una apariencia de desequilibrio. Si piensa que su caballo cojea, sáquelo al trote y pídale a su instructor u otra persona experimentada que revise su forma de andar. Una vez identificada qué extremidad cojea, compruebe si presenta alguna inflamación o calor y si tiene alguna herida. Si no hay nada visible, necesitará rayos X. Es aconsejable consultar con un veterinario para que determine qué tratamiento es el adecuado.

Inflamaciones por la silla o las bridas

Suelen producirse por un ajuste incorrecto o por suciedad en el equipo del caballo, que le restriega el pelaje y le causa inflamación o le deja la piel en carne viva. La cincha también le puede rozar la piel y dejársela en carne viva, y producirle llagas que le sangren. Estas condiciones suelen darse por ignorancia y deteriorarse por negligencia. La crema de zinc es muy eficaz en la cura de llagas: aplíquela dos veces al día hasta que se haya absorbido por completo y hasta que la herida se haya curado. En los casos más extremos, comuníqueselo a su veterinario y que su caballo guarde reposo.

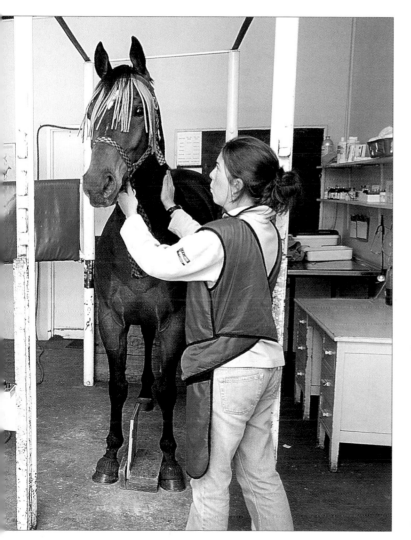

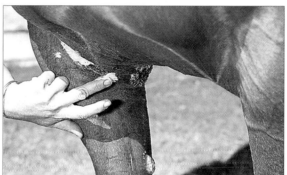

Arriba. Una crema antibacteriana está siendo aplicada en una herida profunda para prevenir una infección.

Izquierda. Se le está haciendo rayos X a la pierna de un caballo para cerciorar si existe o no evidencia de una lesión.

Afta

Se trata de una infección que afecta a la ranilla del pie del caballo. Suele producirse como consecuencia de un mal mantenimiento del establo, por ejemplo: un establo húmedo y sucio; un *paddock* fangoso; o unos pies que no se han cuidado de forma adecuada y no han sido revisados de forma regular por un herrador. El pie de un caballo con afta huele y debe limpiarse profundamente, secarse, y tratarse con yodo, alquitrán de Stockholmo o un preparado casero adecuado.

Enfermedades de la piel

- *Sarna.* Condición alérgica causada por la picadura de un insecto (probablemente una especie de jején). El caballo se frota contra los árboles o las vallas del *paddock* para calmar el picor. Suele ser más común en la zona de la crin y de la cola, y tiene como consecuencia unos parches inflamados y con muy mal aspecto. Use loción contra las picaduras para bajar la hinchazón, y un potente repelente contra mosquitos para mantener alejados a los insectos.

- *Tiña.* Se trata de una condición infecciosa micótica similar a la tiña que padecemos los seres humanos. Tiene como consecuencia unos parches pequeños que suelen inflamarse. Los caballos infectados deberían tratarse con lociones caseras y debería quemarse su lecho. Prevenga su propagación utilizando distintos cepillos y utensilios de almohazamiento, y aísle al caballo para prevenir la propagación de esta infección.

- *Acné contagioso.* Resulta parecido a la tiña, al aparecer pequeñas áreas redondas inflamadas en el pelaje del caballo, y normalmente en el contorno o la zona de la silla de montar. Al igual que la tiña, es infeccioso. Su tratamiento es a base de productos yodados.

Fiebre del lodo

La fiebre del lodo y el agrietamiento de los talones suelen estar causados por una infección bacteriana en la piel que envuelve el talón y la cuartilla. Se le inflaman las patas y los pies le cojean, además de supurarle un líquido amarillento. Evítelo lavando bien los pies y patas del animal, retirándole el barro regularmente y manteniéndole los pies secos. Cortarle los pelos de los talones previene la acumulación de barro.

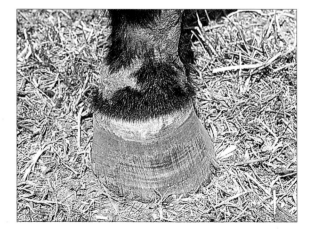

Laminitis

Síndrome o condición realmente seria, que necesita tratamiento inmediato. Suele afectar más a los ponies que a los caballos, y suele estar provocado por una sobrealimentación. Provoca inflamación e hinchazón de los pies, especialmente de los frontales. Aplicar unas medias frías en los pies le calmará temporalmente, pero es esencial llamar al veterinario. Unos pies mal conformados son más propensos a esta enfermedad que los que están bien conformados. Un pony con laminitis no debería montarse hasta que no se haya recuperado.

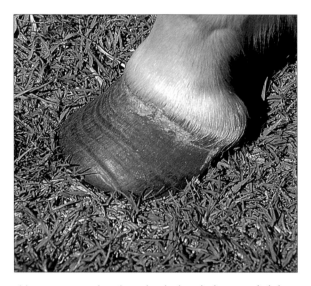

Unos aros anómalos alrededor de la pared del casco son los efectos visibles de la laminitis.

Estrangol

Enfermedad muy contagiosa causada por la bacteria *Streptococcus equi,* y que resulta agravada con el clima frío y húmedo. Sus síntomas incluyen fiebre alta, pérdida de apetito, supuración nasal amarilla, y tos húmeda. El caballo también puede tener dificultad en tragar y las glándulas linfáticas suelen inflamarse de manera espectacular. Aísle al caballo enfermo y llame inmediatamente a su veterinario. El estrangol se propaga rápidamente y puede ser letal en las casas que acojan a muchos caballos.

Izquierda.   *La fiebre del lodo puede ser repugnante y muy dolorosa.*

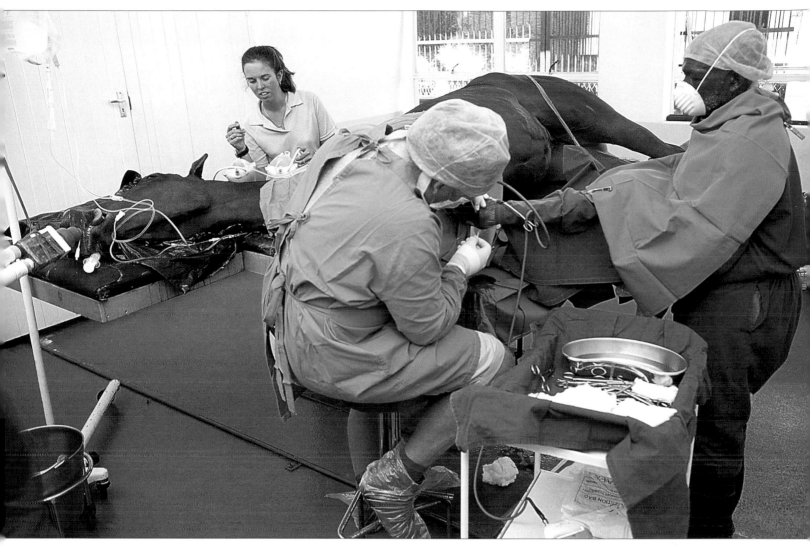

Cuando es necesario el uso de la cirugía, el animal necesitará ser anestesiado por un equipo quirúrgico veterinario apropiado.

Biliaria (piroplasmosis)

Es un parásito en las células rojas de la sangre de los caballos, transmitido por garrapatas. Sus síntomas incluyen pérdida de apetito, depresión y fiebre. Las membranas mucosas cogen un color amarillo avinagrado, y el caballo suele estar siempre estreñido. Se trata de una enfermedad seria que puede llegar a ser letal. Si sospecha que su caballo puede padecerla, llame inmediatamente a su veterinario.

Cólico

Conocer los síntomas de un cólico es algo esencial ya que en ocasiones puede ser fatal. En términos no especializados, puede tratarse de una indigestión, una obstrucción, o incluso una parte del intestino enroscada, que puede desencadenar en un dolor de estómago severo que hará al caballo revolcarse de dolor. A diferencia de los revuelcos por placer que suelen hacer los caballos, un caballo con un cólico suele revolcarse dando vueltas. Acompañado de espasmos, puede parecer algo normal. Si sospecha que se trata de un cólico, la práctica tradicional es mantener al caballo caminando para evitar que se revuelque, ya que puede fatigarle. El peligro reside en que el animal puede enroscarse el intestino al revolcarse por el suelo. Llame a su veterinario inmediatamente para un diagnóstico y un tratamiento adecuados. Aunque los cólicos pueden tratarse con medicamentos, a veces será necesaria una intervención quirúrgica. Será precisa una rápida actuación.

Prepárese para cualquier emergencia. Tenga siempre un *kit* de primeros auxilios en el establo y siempre lleve consigo los materiales más esenciales cuando vaya a viajar o a competir. Compruebe la fecha de caducidad de todas las medicinas, y en el caso de suceder una lesión o enfermedad graves, llame a su veterinario. Asegúrese de que tiene:

- Una selección de vendas, además de esparadrapo y agujas.
- Gamgee (algodón revestido de gasa).
- Algodón y gasa.
- Un pack para el tratamiento de resfriados.
- Sal (o solución salina).
- Antiséptico.
- Spray o crema para las heridas.
- Polvos antibióticos.
- Tijeras.
- Termómetro.
- Jeringuilla.
- Epsomita
- Vaselina
- Cataplasma para las patas y productos refrescantes.

molares

lengua

barras

colmillos

incisivos

DENTADURA

Del mismo modo que los seres humanos, los caballos tienen dos series de dientes en su vida. Mirándole a los dientes, se puede saber qué edad tiene un caballo, aunque necesitará un ojo entrenado y un conocimiento de la estructura dental de éstos.

Muchos caballos comienzan a perder los dientes de leche alrededor de los dos años y medio. A los cuatro años, ya tienen la mayoría de los dientes permanentes, aunque los colmillos suelen salir alrededor de los cinco años, en un punto en el que ya constan de «una boca completa».

A diferencia de la dentadura humana, los dientes de los caballos continúan creciendo durante toda la vida. Y aunque se desgasten al masticar la comida o al rechinar, deben limarse cada 6-12 meses con una

CÓMO ENVEJECEN LOS DIENTES

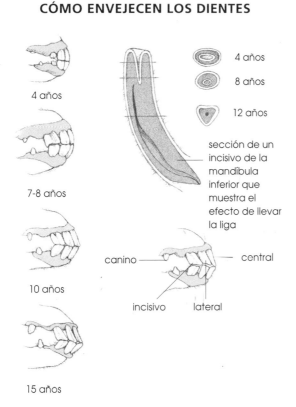

4 años

7-8 años

10 años

15 años

4 años

8 años

12 años

sección de un incisivo de la mandíbula inferior que muestra el efecto de llevar la liga

canino

central

incisivo

lateral

Un veterinario necesita ayuda para mantener la boca del caballo abierta y su cabeza quieta mientras le lima los dientes.

lima de mango largo -una tarea que realizará su veterinario o dentista equino. Las muelas quedan muy afiladas con el paso del tiempo y pueden cortarle la lengua y la parte interior de las mejillas si no se liman.

Los dentistas equinos y algunos veterinarios poseen herramientas más específicas que le permiten equilibrar, ondear y rectificar problemas, incluyendo punzones y ondas afiladas, de forma más efectiva. El caballo necesitará estar tranquilo, y su veterinario deberá estar presente.

Los caballos y los ponies también presentan anomalías en el crecimiento de los dientes, por lo que es esencial comprobar regularmente que su boca se está desarrollando de manera natural, particularmente cuando se trata de animales jóvenes. Si el crecimiento de un diente pequeño situado justo en frente de las muelas superiores (diente de lobo) coincide con una falta de ganas de masticar o una inclinación de la cabeza poco común, deberá considerar la idea de extraérselos para aliviar la presión y el malestar.

EDAD ADULTA

Aunque no es viejo, un caballo de más de diez años está considerado como «adulto» ya que es más difícil apreciar su edad con exactitud a partir de sus dientes. Sin embargo, suelen vivir mucho más tiempo.

A medida que envejece, su condición física se deteriora. Una vez que ya no se monta, el tono muscular se reduce y su cuello pierde fuerza. Se le hunden los ojos, la espalda se le ahueca, y la cruz se le pronuncia más. Los caballos ancianos andan más despacio y cautelosamente, y pueden parecer rígidos.

Un caballo mayor de quince años debería pasar una revisión veterinaria al menos una vez al año. Revise también su dentadura regularmente, ya que se le podrían romper y caer, lo que podría afectar a su modo de masticar e impedir la digestión pudiéndole crear un cólico. A medida que envejecen, los caballos pierden su habilidad natural de regular y mantener la temperatura de su cuerpo, por lo que deberán ser bien arropados y protegidos cuando haga mal tiempo.

Si decide retirar a su caballo en una granja donde pueda vivir el resto de sus días al aire libre, asegúrese de que podrá recibir atención veterinaria regularmente y de que tiene suficiente cobijo y pasto. Nunca abandone a un caballo anciano en un *paddock*: ahora, más que nunca, es cuando necesitará de su atención y su compañía.

Federaciones Nacionales (FEI)

Fédération Equestre Internationale (FEI)
PO Box 157, 1000 Lausanne 5
Switzerland
Tel.: +41 21 310-4747
Fax: +41 21 310-4760
http://www.horsesport.org
Tiene 128 países miembros, incluyendo:

ALEMANIA

Deutsche Reiterliche Vereinigung
PO Box 110265, Warendorf 48231
Tel.: +49 2581 6-3620
Fax: +49 2581 6-2144
Email: fn@n-dokr.de

AUSTRALIA

Equestrian Federation of Australia
Level 2, 196 Greenhill Rd, Eastwood
SA 5063
Tel.: +61 88 357-0077
Fax: +61 88 357-0091
Email: info@efanational.com

AUSTRIA

Bundersfachverband für Reiten und
Fahren in Österreich
Geiselbergstrasse 26-32/512, Wien
1110
Tel.: +43 1 749-9261
Fax: +43 1 749-9291
Email: office@fena.at

BÉLGICA

Fédération Royale Belge des Sports
Equestres
Avenue Houba de Strooper 156
Bruxelles 1020
Tel.: +32 2 478-5056
Fax: +32 2 478-1126
Email: info@equibel.be

CANADÁ

Equine Canada
2460 Lancaster Road, Suite 200
Ottawa, Ontario KIB 455
Tel.: +1 613 248-3433
Fax: +1 613 248-3484
Email: dadams@equestrian.ca

ESPAÑA

Real Federación Hípica Española
C/Ayala, 6, 6.º drcha. Madrid 28001
Tel.: +34 91 436-4200
Fax: +34 91 575-0770
Email: rfhe@rfhe.com

ESTADOS UNIDOS

USA Equestrian Inc.
4047 Iron Works Parkway
Lexington 40511-8483KY
Tel.: +1 859 258-2472
Fax: +1 859 253-1968
Email: sfrank@equestrian.org

FRANCIA

Fédération Française d'Equitation
Immeuble le Quintet, Bâtiment E 81/83
Avenue E. Valliant, Boulogna, Billancourt
92517 Cedex
Tel.: +33 1 5817-5817
Fax: +33 1 5817-5853
Email: dtnadj@ffe.com

IRLANDA

Equestrian Federation of Ireland
Ashton House
Castleknock, Dublin 1515
Tel.: +353 1 868-8222
Fax: +353 1 882-3782
Email: efi@horsesport.ie

ITALIA

Italian Equestrian Federation
Viale Tiziano 74-76, 00196 Rome
Tel.: +39 6 3685-8105
Fax: +39 6 323-3772
Email: fise@fise.it

NORUEGA

Norges Rytterforbund
Serviceboks 1 u.s.
Sognsveien 75, Oslo 0840
Tel.: +47 21 02-9650
Fax: +47 21 02-9651
Email: nryf@rytter.no

NUEVA ZELANDA

New Zealand Equestrian Federation
PO Box 6146, Te Aro, Wellington 6035

Tel.: +64 4 801-6449
Fax: +64 4 801-7701
Email: nzef@nzequestrian.org.nz

PAÍSES BAJOS

Stichting Nederlandse Hippische
Sportbond
PO Box 3040, Ca Ermelo 3850
Tel.: +31 577 40-8200
Fax: +31 577 40-1725
Email: info@nhs.nl

PORTUGAL

Federaçao Equestre Portuguesa
Avenida Manuel da Maia n.º 26
4eme Droite, Lisbon 1000-201
Tel.: +351 21 847-8774
Fax: +351 21 847-4582
Email: secgeral@fep.pt

REINO UNIDO

British Equestrian Federation
National Agricultural Centre
Stoneleigh Park, Kenilworth
Warwickshire, Warcs CV8 2RH
Tel.: +44 24 7669-8871
Fax: +44 24 7669-6484
Email: info@bef.co.uk

SUDÁFRICA

SA National Equestrian Federation
PO Box 30875, Kyalami, 1684 Gauteng
Tel.: +27 11 468-3236
Fax: +27 11 468-3238
Email: sanef@iafrica.com

SUECIA

Svenska Ridsportförbundet
Ridsportens Hus, Strömsholm
Kolback 73040
Tel.: +46 220 4-5600
Fax: +46 220 4-5670
Email: kansliet@ridsport.se

SUIZA

Fédération Suisse des Sports Equestres
H Case Postale 726, 3000 Berne 22
Tel.: +41 31 335-4343
Fax: +41 31 335-4357/8
Email: vst@svps-fsse.ch

Lectura complementaria

BAIRD, ERIC. (1977). *Horse Care*. London: Macdonald and Jane's.

BELTON, CHRISTINA (traducción). (1997). *The Principles of Riding: The Official Instruction Handbook of the German National Equestrian Federation* – Part 1. Addington, Great Britain: Kenilworth Press.

BIRD, CATHERINE. (2002). *A Healthy Horse the Natural Way*. Sydney: New Holland Publishers.

CALLERY, EMMA. (ed). (1994). *The New Rider's Companion*. London: The Apple Press.

COOPER, BARBARA. (2000). *The Manual of Horsemanship*. London: The Pony Club.

CULSHAW, DORIS. (1995). *Bits, Bridles & Saddles*. London: B. T. Batsford.

DRAPER, JUDITH. (1999*). Illustrated Encyclopaedia: Horse Breeds of the Workd*. London: Sebastian Kelly.

EDWARDS, ELWYN HARTLEY (ed). (1977). *Encyclopaedia of the Horse*. London: Octopus Books.

EDWARDS, ELWYN HARTLEY. (2000). *The New Encyclopaedia of the Horse*. London: Dorling Kindersley.

FAURIE, BERNADETTE. (2000). *The Horse Riding & Care Handbook*. London: New Holland Publishers.

FITCHET, PETER. (1991). *Horse Health Care*. Johannesburg: Delta Books.

GREEN, CAROL. (1990). *Tack Explained*. London: Ward Lock.

HAWCROFT, TIM (1983). *The Complete Book of Horse Care*. Sydney: Weldon Publishing.

IWANOWSKI, GEORGE. (1987). *You and Your Horse*. Pietermaritzburg: Shuter & Shooter.

JANSON, MIKE AND KEMBALL-WILLIAMS, JULIANA. (1996*). The Complete Book of Horse & Pony Care*. Avonmouth, Great Britain: Parragon.

KIDD, JANE. (1981). *An Illustrated Guide to Horse and Pony Care*. London: Salamander Books.

KNOX-THOMPSON, ELAINE AND DICKENS, SUZANNE. (1998). *Pony Club Manual n.º 1 & n.º 2*. Auckland: Ray Richards Publishers.

MCBANE, SUSAN. (1992). Ponywise. Addington, Great Britain: Kenilworth Press.

MCBANE, SUSAN (ed). (1988). The Horse and the Bit. Ramsbury: The Crowood Press.

PILLINER, SARAH (1994). *Prepare to Win: Care of the Competition Horse*. London: B. T. Batsford.

POWELL, DAVID G. AND JACKSON, STEPHEN G. (1992). Harlow, England: Longman Scientific & Technical.

SWIFT, PENNY AND SZYMANOWSKI, JANEK. (2001). *The Sporting Horse in Southern Africa*. Cape Town: BoEPrivate Bank.

Páginas Web

www.all-about-horses.com (enlaces a muchas páginas sobre el cuidado de los caballos, montar, etc.)

www.aro.co.za (resultados e información sobre hípica; más de 500.000 pedigríes de Purasangres)

www.equineinfo.com (similar a una revista con muchos enlaces)

www.horsecity.com (incluye noticias, información sobre la salud de los caballos, consejos y juegos)

www.horsedaily.com (noticias internacionales para la gente a la que le apasionan los caballos)

www.horsefun.com (enlaces a los diferentes Clubs de Ponies internacionales; juegos, fotos e historias para ninos)

www.horsejunction@icon.co.za (página muy fácil de entender y con mucha información relevante)

www.montyroberts.com (la página personal del «hombre que susurra a los caballos» más famoso del mundo)

www.sportinghorse.co.za (contiene información sobre deportes hípicos, así como un registro de sementales, artículos y una biblioteca fotográfica)

www.thehorse.com (guía para el cuidado del caballo)

www.worldofhorses.co.uk (noticias e información para mantener sano a su caballo)

Glosario

Caballo: Término utilizado para describir a la especie, y en particular, a los sementales.

Castrado: Caballo castrado de sexo masculino y de cualquier edad.

Potranca: Yegua de menos de 3 años.

Potrillo: Caballo menor a un año. Puede ser de ambos sexos.

Potro: Caballo de menos de 3 años.

Semental: Caballo de sexo masculino sin castrar.

Yegua: Caballo de sexo femenino de cualquier edad.

Acolchado: *ver numnah.*

Afta: infección bacteriana que afecta a las fisuras de la ranilla del casco de un caballo.

Alfalfa: pienso verde también conocido como lucerna.

Almohaza: se utiliza para cepillar el pelaje del caballo; las almohazas de metal servirán sólo para limpiar los cepillos para el cuerpo.

Arnés: equipo para manejar a un caballo.

Atuendo: apariencia general de un caballo y su jinete en relación a su vestimenta, pulcritud de la guarnicionería y limpieza.

Balanceo: vicio de cuadro que suele ser causado por aburrimiento; el caballo permanece en la puerta del establo balanceándose de lado a lado.

Banda anguila: banda dorsal continua de color negro, marrón o pardo, y que se extiende desde el cuello hasta la cola; muy común en los caballos pardos.

Baticola: correa unida a la parte trasera de la silla de montar (borrén) y ajustada por debajo de la cola para prevenir que la silla se resbale hacia delante.

Bombproof: término utilizado para describir a los caballos o ponies que son seguros y que pueden controlarse fácilmente por jinetes noveles.

Borrén: parte trasera de una silla de montar.

Brida: cabezada que incorpora bocados y riendas, y que se sirve para controlar a los caballos.

Brida doble: brida que incorpora dos bocados (uno curvo y un bocado filete con bridón) y dos conjuntos de riendas.

Caballo de tiro: utilizado para el remolque de carros y carruajes.

Caballo pastor: utilizado para guiar al ganado.

Cabezada: correaje que ciñe la cabeza de una caballería.

Campanas: protectores con forma de campana (o protectores extra) que sirven para proteger los cascos de los caballos.

Caña: hueso situado entre el espolón y el corvejón.

Cavesson: tipo estándar de muserola.

Cepillo dandy: cepillo duro con cerdas largas y rígidas, utilizado para cepillar el pelaje del animal, pero no la cola ni la crin.

Cerviz: línea superior dibujada en el cuello del caballo.

Cincha: correa que se ajusta al contorno del caballo y que previene el deslizamiento de la silla.

Clavo: hace referencia a elementos de metal manufacturados para su colocación en las herraduras y evitar así su desprendimiento.

Completo: disciplina de competición que examina el manejo del caballo; combina doma clásica, salto de obstáculos y campo a través.

Contorno: circunferencia del cuerpo del caballo.

Copos de nieve: manchas blancas que se concentran en las caderas de algunos caballos Appaloosa.

Corcovo: movimiento del caballo que consiste en patear hacia detrás con los pies juntos y la espalda arqueada.

Cornamenta: punto más alto de la cabeza de un caballo.

Corona: zona de encima del casco y en la base de la cuartilla.

Corvejón: articulación entre la rodilla y el espolón.

Crin rapada: crin cuyo pelo ha sido esquilado por completo.

Cruz: cadena de huesos entre los hombros del caballo.

Cuartilla: parte del pie entre el espolón y el casco.

Cuartos: cuartos traseros o ancas.

Curva: cadena usada con el bocado curvo y que se ajusta por debajo del mentón.

Doma clásica: disciplina que consiste en el entrenamiento de la obediencia y el equilibrio; se ha convertido en un arte hípico muy elegante además de un deporte.

Drag hunting: disciplina que consiste en la caza, con perros detrás, de una bolsa perfumada en lugar de presas vivas.

Espolón: articulación de detrás de la cuartilla; a menudo con pelos.

Estribo: apoyo para el pie del jinete; unido a un hondón y a la silla de montar.

Estro: parásito interno que infesta a los caballos.

Estructura: modo en el que un caballo se constituye, dando especial atención a sus proporciones.

Filete: tipo de bocado más común; una brida filete incorpora un bocado filete.

Flehman: acción que realiza el caballo al fruncir el labio y levantar la cabeza cuando huelen el aire.

Flybucking: el caballo cocea hacia atrás al mismo tiempo que corcovea.

Fogoso: término que describe a los caballos/ponies que se excitan de forma extralimitada cuando están siendo montados.

Fulmer (cadenilla barbada): freno con barras en cada uno de los lados; se utilizan en caballos desobedientes y con tendencia a adormecerse.

Fuste: esqueleto de una silla de montar; puede ser rígido o de muelles.

Gamgee: algodón revestido de gasa.

Grupa: cuartos traseros o ancas.

Guarnicionería: material de montura y frenado.

Hack: caballo de paseo o acción de alquilar caballos para pasear, así como acción de montar por placer.

Hocico: zona que abarca los ollares y la boca de un caballo.

Leopardo: tipo de pelaje de los caballos Appaloosa, con marcas blancas en forma de huevo.

Limar: acción que realizan los dentistas equinos o los veterinarios al raspar los dientes de los caballos.

Limpieza de establos: retirar los excrementos y limpiar las cuadras.

Lucerna: planta usada como forraje; conocida como alfalfa en algunos lugares del mundo.

Manta de Nueva Zelanda: cobertura antihumedad originaria de este país; diseñada para permitir a los caballos esquilados vivir al aire libre durante todo el año.

Manta: tipo de manchas de un caballo Appaloosa.

Mármol: tipo de marcas de algunos caballos Appaloosa.

Martingala: correas que proporcionan un control mayor sobre el caballo y que le previenen de alzarse o levantar la cabeza; existen varios tipos, como son las martingalas fijas y las tijerillas.

Maslo: zona con piel en la parte superior de la cola.

Menudillo: protuberancia córnea detrás del espolón.

Mordaza: tipo de freno; más severo debido a su acción sobre la cornamenta.

Muserola flash: cinta unida a la parte frontal de la muserola cavesson y que se coloca por debajo del mentón.

Muserola inglesa: tipo de muserola con correas que cruzan la parte frontal de la nariz; suele utilizarse por jinetes de campo a través.

Muserola mexicana: diseñada para prevenir el movimiento de la quijada de un caballo; se utiliza para amaestrar a caballos y ponies de tiro.

Numnah: acolchado o manta usado debajo de la silla de montar.

Paja de cebada: tallo jugoso de la parte superior de las plantas de cebada.

Palmo: unidad de medida utilizada para medir la altura de los caballos. Un palmo equivale a 10,16 cm.

Pared: parte visible del casco.

Pasos: movimiento del caballo; paso, trote, galope medio, galope.

Pelham: tipo de freno que combina en una sola pieza un bocado curvo y un bridón o bocado filete.

Pelos del pie: mechones de pelo en la parte baja de las patas y en los espolones; suelen ser más frecuentes en los caballos de razas fuertes.

Perilla: parte frontal y saliente de una silla de montar.

Peto: banda diseñada para prevenir los deslizamientos en las sillas de montar.

Pintado: término que describe el color de un pony con manchas blancas o de otro color (excepto negro) en su cuerpo (especialmente en el Reino Unido).

Pío: término para describir el color de un pony con manchas blancas y negras en su cuerpo (especialmente en el Reino Unido)

Protectores de arrastre: sirven para proteger la base de la pata del caballo; también llamados protectores de sobrecaña.

Protectores de tendones: protectores con una abertura frontal parecidos a los de arrastre, pero diseñados para proteger los tendones y talones.

Puntos: hocico, crin, cola, extremos de las patas y punta de las orejas.

Ranilla: zona acolchada de cuerno en la suela del casco del caballo, y que absorbe los golpes.

Raza: grupo específico de caballos que ha sido criado de forma selectiva para conseguir unas características determinadas.

Red de heno: red diseñada para el almacenamiento de heno, paja, lucerna, etc., de modo que pueda atarse en alto.

Registro genealógico: establecimiento de las razas.

Reining: disciplina de monta vaquera; muestra las habilidades atléticas de un caballo ranchero en una pista similar a la utilizada en doma.

Remache: parte doblada del clavo de una herradura que sirve para proporcionar mayor seguridad.

Resistencia (RAID): maratón de hípica.

Rótula: articulación entre la cadera y el espolón.

Sábanas anti-moscas: tipo de sábana para el verano utilizada para proteger a los caballos que puedan sufrir algún tipo de decoloración y pigmentación con el sol.

Salto de obstáculos: competición que consiste en saltar obstáculos a lomos de un caballo.

Sudadera: mantas y sábanas para el sudor que se utilizan después de hacer ejercicio o debajo de mantas más gruesas para prevenir los resfriados.

Surcingle: banda o sobrecincha que se ajusta sobre la silla y la cincha; suele utilizarse en pruebas combinadas; el surcingle de tela se usa para asegurar las mantas.

Tirantes: correas o cuerdas de tela mediante los que un caballo o pony tira de carros y carruajes.

Tragar aire: un vicio de cuadra muy dañino que tiene lugar cuando el caballo absorbe el aire después de morder la madera.

Tupé: pelos de la crin que cuelgan por encima de la frente del caballo.

Wall-eye: ojo de color blanco o azul claro debido a la falta de pigmentación; también llamado «ojo de cristal».

Índice